Books Bear
布克熊

会 讲 故 事 的 童 书

少年读国学

图说孟子

谢冕
解玺璋
主编

读者出版社

图书在版编目（CIP）数据

图说孟子 / 谢冕，解玺璋主编 . -- 兰州 : 读者出版社，2023.1
（少年读国学）
ISBN 978-7-5527-0687-1

Ⅰ . ①图… Ⅱ . ①谢… ②解… Ⅲ . ①儒家 ②《孟子》—通俗读物 Ⅳ . ① B222.5-49

中国版本图书馆 CIP 数据核字（2022）第 090852 号

少年读国学·图说孟子
谢　冕　解玺璋　主编

责任编辑　张　远
封面设计　田　松　李果果

出版发行　读者出版社
地　　址　兰州市城关区读者大道 568 号（730030）
邮　　箱　readerpress@163.com
电　　话　0931-2131529（编辑部）　0931-2131507（发行部）

印　　刷　山东新华印务有限公司
规　　格　开本 880 毫米 ×1230 毫米　1/32
　　　　　印张 8.5　字数 155 千
版　　次　2023 年 1 月第 1 版
　　　　　2023 年 1 月第 1 次印刷
书　　号　ISBN 978-7-5527-0687-1
定　　价　58.00 元

目录

孟子

梁惠王（上）

梁惠王（下）

公孙丑（上）

公孙丑（下）

滕文公（上）

滕文公（下）

离娄（上）

离娄（下）

万章（上）

万章（下）

告子（上）

告子（下）

尽心（上）

尽心（下）

孟子

梁惠王（上）

《孟子》一书成书于战国时期，历代编者将其分为七个部分，每部分又分上下篇。每篇的篇名取第一章中的前两三个字为名。本篇选录了七章。

本篇主要记录了孟子与梁惠王、梁襄王和齐宣王的对话，其核心思想是孟子的仁政观点。其中具体讨论了仁政与利益、快乐、治国、富国强兵、统一天下等的关系。孟子主张统治者应将发政施仁、爱护民众作为治理国家的出发点。仁政爱民、与民同乐也是国家政权合法性的来源。

何必曰利

孟子见梁惠王[1]。王曰：“叟[2]，不远千里而来，亦将有以利吾国乎？”

孟子对曰：“王何必曰利？亦[3]有仁义而已矣。王曰：‘何以利吾国？’大夫[4]曰：‘何以利吾家？’士庶人[5]曰：‘何以利吾身？’上下交征[6]利，而国危矣！万乘[7]之国，弑[8]其君者，必千乘之家；千乘之国，弑其君者，必百乘之家。万取千焉，千取百焉，不为不多矣。苟[9]为后义而先利，不夺不餍[10]。未有仁而遗[11]其亲者也，未有义而后[12]其君者也。王亦曰仁义而已矣，何必曰利？”

注释

1. 梁惠王：即魏惠王，惠是其谥号，因魏国后迁都大梁，故又称梁惠王。
2. 叟：对年老长者的尊称。
3. 亦：只。
4. 大夫：官职名。夏、商、周三代分卿、大夫、士三个等级。
5. 士庶人：士和庶人。庶人，即老百姓。

⑥ 交：互相。征：征收。

⑦ 乘（shèng）：古代一辆战车为一乘。

⑧ 弑（shì）：在封建时代称下杀上、卑杀尊为弑。家：有领地的公卿大夫。

⑨ 苟：如果。

⑩ 餍（yàn）：满足。

⑪ 遗：抛弃。

⑫ 后：怠慢。

译文

孟子去拜见梁惠王。梁惠王说："先生，您不远千里而来，能给我们的国家带来什么利益呢？"

孟子回答说："大王，您何必要说利呢？您有仁义就已经足够了。国君说：'有什么可对我国有利的呢？'大夫说：'有什么可对我的家族有利的呢？'一般的士子和百姓说：'有什么可对我自身有利的呢？'上下之间相互争夺利益，国家便危险了。拥有万辆战车的大国，杀了它国君的必是拥有千辆战车的大夫；拥有千辆战车的大夫公卿，杀死它国君的必是拥有百辆战车的大夫公卿。一万辆战车中大夫占取了一千辆；一千辆战车中更小的大夫占取了一百辆，这不可说不多了。如果凡事将仁义摆在后面，利益摆在前面，那么（人们）就非得争夺一下才能满足。从来没有人重视仁爱却抛弃至亲，从来没有人重视仁义却怠慢他的国君。大王您只要讲仁义就行了，何必讲利呢？"

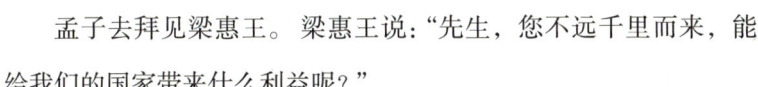

贤者亦乐此乎

孟子见梁惠王。王立于沼[1]上，顾鸿雁麋鹿[2]，曰："贤者亦乐此乎？"

孟子对曰："贤者而后乐此。不贤者虽有此不乐也。《诗》云：'经[3]始灵台，经之营[4]之。庶民攻[5]之，不日成之。经始勿亟[6]，庶民子来。王在灵囿，麀鹿攸伏[7]。麀鹿濯濯[8]，白鸟鹤鹤[9]。王在灵沼，于牣[10]鱼跃。'文王以民力为台为沼，而民欢乐之，谓其台曰灵台，谓其沼曰灵沼，乐其有麋鹿鱼鳖。古之人与民偕乐，故能乐也。《汤誓》[11]曰：'时日害丧[12]？予及汝偕亡！'民欲与之偕亡，虽有台池鸟兽，岂能独乐哉？"

注释

① 沼：池沼。

② 鸿雁：大雁。麋鹿：一种似鹿的哺乳动物。

③ 经：测量。

④ 营：营建。

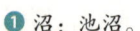

⑤ 攻：建造。

⑥ 亟：急。

⑦ 麀（yōu）：母鹿。攸：所。伏：安处。

⑧ 濯濯：肥胖有光泽的样子。

⑨ 鹤鹤：洁白的样子。

⑩ 牣（rèn）：满。

⑪《汤誓》：《尚书》中的篇名，记载了商汤讨伐夏桀的誓师词。

⑫ 时日：此指暴君夏桀。时，这。害：通“曷”，何。

译文

孟子拜见梁惠王。惠王正站在池沼上，他看着天鹅、大雁、鹿群说道：“贤德的人也享受这种快乐吗？”

孟子回答说：“贤德的人才能享受这种快乐。不贤德的人即便拥有也享受不到这种快乐。《诗》上说：‘灵台始造忙，经营再经营。百姓同心建，不日便完成。王嘱不必急，百姓更卖力。王在灵沼边，母鹿跪伏安。鹿群肥又壮，鸟儿白又亮。王到灵沼边，鱼儿跃水欢。’文王通过百姓的力量建造了层台池沼，百姓却因此欢欣鼓舞。称文王的层台为灵台，称文王的池沼为灵沼，以里面充满了麋鹿和鱼鳖而快乐。古时的君王与百姓同乐，因此能享受这种快乐。《汤誓》上说：‘这太阳（夏桀暴政，却认为自己惠泽天下，以太阳自比）何时灭亡啊？我宁愿和你一起灭亡！’百姓想和他一起灭亡，虽然他有层台池沼、奇鸟异兽，他又如何能独自享受这种快乐呢？”

五十步笑百步

梁惠王曰:“寡人之于国也,尽心焉耳矣。河内凶[1],则移其民于河东,移其粟于河内。河东凶亦然。察邻国之政,无如寡人之用心者,邻国之民不加少,寡人之民不加多,何也?”

孟子对曰:“王好[2]战,请以战喻。填然鼓之[3],兵刃既接,弃甲曳兵而走[4],或百步而后止,或五十步而后止。以五十步笑百步,则何如?”

曰:“不可。直[5]不百步耳,是亦走也。”

曰:“王如知此,则无望民之多于邻国也。不违农时,谷不可胜食也。数罟不入洿池[6],鱼鳖不可胜食也。斧斤以时入山林,材木不可胜用也。谷与鱼鳖不可胜食,材木不可胜用,是使民养生丧死无憾[7]也。养生丧死无憾,王道之始也。五亩之宅,树之以桑,五十者可以衣帛矣;鸡豚狗彘[8]之畜,无失其时,七十者可以食肉矣;百亩之田,勿夺其时,数口之家可以

无饥矣；谨庠序[9]之教，申之以孝悌[10]之义，颁白[11]者不负戴于道路矣。七十者衣帛食肉，黎民不饥不寒，然而不王[12]者，未之有也。狗彘食人食而不知检[13]，涂有饿莩而不知发[14]，人死，则曰：'非我也，岁也。'是何异于刺人而杀之，曰：'非我也，兵也。'王无罪岁，斯天下之民至焉。"

注释

1. 凶：灾荒。
2. 好（hào）：喜好。
3. 填然：形容鼓声。鼓：击鼓。古代击鼓表示进军。之，此处起调节音节的作用，无实义。
4. 兵：兵器。走：逃跑。
5. 直：只不过。
6. 数罟（cù gǔ）：网眼细密的渔网。洿（wū）池：深池，池塘；洿，低洼积水的地方，池塘。
7. 憾：怨恨。
8. 豚（tún）：小猪。彘（zhì）：猪。
9. 庠（xiáng）序：古代的学校名，商朝叫庠，周朝叫序。

⑩ 申之以孝悌之义：宣传孝顺长辈、尊敬兄长的道理。申，申诫。悌（tì），兄友弟恭为悌。

⑪ 颁白：头发斑白。颁，通“斑”。

⑫ 王（wàng）：称王，统一天下。

⑬ 检：检点，制约。

⑭ 涂：通“途”，道路。莩（piǎo）：同“殍”，饿死的人。发：赈济。

译文

梁惠王说：“我对这个国家，真是尽心尽力了。河内地区如果遭遇了灾荒，我就将那里的灾民迁移到河东地区，将河东地区的粮食运到河内地区去。河东地区若受了灾荒我也用同样的办法。观察一下邻国的政治，没有人能比我更用心了。可邻国的百姓没有减少，我的百姓也没增加，这是为什么呢？”

孟子回答说：“大王喜欢战争，请让我用战争来做个比喻吧。咚咚的战鼓声打了起来，双方军队的兵器已经碰击到了一起，这时有士兵丢掉盔甲，拖着兵器逃跑，有的跑了一百步后才停下来，有的跑了五十步就停下来了。如果跑了五十步的士兵这时讥笑跑一百步的士兵，您觉得怎么样呢？”

惠王说：“不可以。他只是没跑一百步罢了，这也是逃跑啊。”

孟子说：“大王如果知道这个道理，就不要指望您的百姓会比邻国多了。不在农忙季节征用老百姓，谷物就吃不完。不用细密的网到池沼里捕鱼，鱼鳖就吃不完。砍伐树木按照时令进入山林，木材就用不完。谷物和鱼鳖吃不完，木材用不完，就能使百姓生养死葬没有不满。百姓生养死葬没有不满，这就是王道的开始。在五亩大的宅田里种上桑树，五十岁以上的人就可以穿丝帛做的衣服了；鸡狗猪等家畜，不错过繁殖期，七十岁以上的老人就可以吃上肉了；百亩的田地，不妨碍农忙时节，几口的人家就可以没有饥饿了；严格地做好学校教育，反复宣传孝顺长辈、敬爱兄长的道理，须发花白的老人就不会在路上肩背头顶地担负重物了。七十岁的老人穿着丝帛做的衣服，吃着肉食，老百姓们不挨饿受冻，还不能称王于天下的，还从来没有过。可若猪狗吃了百姓吃的粮食而不加以制约，路上有饿死的人而不加赈济，百姓死了，就说：‘不是我的原因，是年成不好的缘故。’这与用刀将人刺死了，就说：‘不是我的原因，是兵器杀的。’有什么不同呢？大王如果不推罪于年成不好，这样，天下的百姓都会到您这儿来了。”

率兽而食人

梁惠王曰："寡人愿安[1]承教。"

孟子对曰："杀人以梃[2]与刃，有以异乎？"

曰："无以异也。"

"以刃与政，有以异乎？"

曰："无以异也。"

曰："庖[3]有肥肉，厩[4]有肥马，民有饥色，野有饿莩，此率兽而食人也。兽相食，且[5]人恶之，为民父母，行政不免于率兽而食人，恶[6]在其为民父母也？仲尼曰：'始作俑者[7]，其无后乎！'为其象人而用之也。如之何其使斯民饥而死也！"

注释

1 安：乐意。

2 梃（tǐng）：杖。

3 庖（páo）：厨房。

4 厩（jiù）：马厩。

5 且：尚且。

6 恶（wū）：疑问代词，怎么，如何，何。

7 始作俑（yǒng）者：最早开始用俑殉葬的人。俑，古时用于殉葬的木制或陶制的人偶。

译文

梁惠王说：“我很高兴能得到您的教诲。”

孟子回答说：“用木棒杀人和用刀杀人，有什么不同吗？”

惠王说：“没有什么不同的。”

“用刀杀人和用政治杀人，有什么不同吗？”

惠王说：“没有什么不同的。”

孟子说：“厨房里有肥肉，马厩里有肥马，老百姓却带着饥饿面色，郊野却有饿死的人，这就是率领野兽来吃人。野兽相互吞食，人尚且厌恶，作为百姓的父母官，施行政令却不免率领野兽来吃人，怎么能算作百姓的父母官呢？孔子说：‘那第一个用人俑殉葬的人，他该断子绝孙啊！’就因为它们像人却被用来殉葬。这样尚且不可，又怎能让老百姓因饥饿而死呢！”

仁者无敌

梁惠王曰："晋国[1]，天下莫强焉，叟之所知也。及寡人之身，东败于齐[2]，长子死焉；西丧地于秦七百里[3]；南辱于楚[4]。寡人耻之，愿比死者壹洒之[5]。如之何则可？"

孟子对曰："地方百里而可以王。王如施仁政于民，省刑罚，薄税敛，深耕易耨[6]，壮者以暇日修其孝悌忠信，入以事其父兄，出以事其长上，可使制梃以挞[7]秦、楚之坚甲利兵矣。彼夺其民时，使不得耕耨以养其父母，父母冻饿，兄弟妻子离散。彼陷溺[8]其民，王往而征之，夫谁与王敌？故曰：'仁者无敌。'王请勿疑。"

注释

1. 晋国：晋国于公元前453年为韩、赵、魏三家瓜分，梁惠王这里以晋自称，自诩为晋国继承者。
2. 东败于齐：指公元前342年的马陵之战，魏将庞涓自杀，太子申被俘。

❸ 西丧地于秦七百里：马陵之战后，魏国屡次被秦国打败，割地求和。

❹ 南辱于楚：公元前 324 年，魏国又被楚国打败，失去了八座城邑。

❺ 愿比死者壹洒之：愿意为死去的人一雪前耻。比，替。壹，皆，一概。洒（xǐ），洗涤，洗雪。

❻ 耨（nòu）：锄草。

❼ 挞：敲打。

❽ 陷溺：坑害。

译文

梁惠王说："当初天下没有哪个国家比魏国更强大了，先生您是知道的。可到了我这一代，魏在东面被齐国打败，大儿子因此而死；在西面丧失给秦国的土地有七百里；在南面被楚国侮辱。我为此感到耻辱，希望能为死去的人雪耻。我要怎么办才行呢？"

孟子回答说："只要拥有方圆百里的土地就可以称王了。大王如果能对百姓施行仁政，减轻刑罚，少收赋税，使百姓深耕细作，青壮年闲暇时能学习孝悌忠信的道理，在家服侍父兄，出门敬待尊长，这样，就是做些木棒也能打败秦、楚的坚甲利兵了。那些国家侵占了农忙时节，使百姓不能耕种土地来养活他们的父母，父母挨饿受冻，兄弟妻儿离散。他们坑害百姓，大王您去征伐，谁还能和您为敌呢？所以说：'仁德的人是无敌的。'大王请您不要再怀疑了。"

不嗜杀人者能一之

孟子见梁襄王[1]。出，语[2]人曰："望之不似人君，就之而不见所畏焉。卒然[3]问曰：'天下恶乎定？'吾对曰：'定于一。''孰能一之？'对曰：'不嗜杀人者能一之。''孰能与之？'对曰：'天下莫不与也。王知夫苗乎？七八月之间旱，则苗槁矣。天油然[4]作云，沛然[5]下雨，则苗浡然[6]兴之矣。其如是，孰能御之？今夫天下之人牧[7]，未有不嗜杀人者也。如有不嗜杀人者，则天下之民皆引领[8]而望之矣！诚如是也，民归之，由水之就下，沛然谁能御之？'"

注释

1. 梁襄王：梁惠王的儿子。
2. 语（yù）：对……说，告诉。
3. 卒（cù）然：突然。卒，同"猝"，迅疾，敏捷。
4. 油然：乌云兴起的样子。
5. 沛然：大雨滂沱的样子。
6. 浡然：兴起的样子。

⑦ 人牧：指统治者。

⑧ 引领：伸长脖子。引，伸长。领，脖子。

译文

孟子拜见梁襄王。出来之后，对人说："在远处望见他时就不像个君主的样子；走近时，也感觉不到威严的气势。他突然问我：'天下怎么才能安定？'我答道：'天下只有统一才能安定'他又问：'谁能统一？'我答道：'不喜欢杀人的君主能统一天下。'他又问：'谁能跟随他呢？'我说：'天下没人不跟随他的。大王您知道禾苗吧？七八月时大旱，禾苗就枯萎了。这时乌云涌起，大雨滂沱，禾苗便勃然生长。像这样，谁又能抵挡呢？现在天下统治人民的君王，没有不好杀人的。如果有不好杀人的君王，天下的人都会伸长了脖子向往而来！如果真是这样，百姓归附他，就像水往下流淌一样，汹涌澎湃，谁能抵挡得住呢？'"

齐桓晋文之事

齐宣王[1]问曰："齐桓、晋文[2]之事，可得闻乎？"

孟子对曰："仲尼之徒，无道桓、文之事者，是以后世无传焉，臣未之闻也。无以[3]，则王乎？"

曰："德何如，则可以王矣？"

曰："保[4]民而王，莫之能御也。"

曰："若寡人者，可以保民乎哉？"

曰："可。"

曰："何由知吾可也？"

曰："臣闻之胡龁[5]曰，王坐于堂上，有牵牛而过堂下者，王见之，曰：'牛何之？'对曰：'将以衅钟[6]。'王曰：'舍之！吾不忍其觳觫[7]，若无罪而就死地。'对曰：'然则废衅钟与？'曰：'何可废也？以羊易之。'不识有诸？"

曰：“有之。”

曰：“是心足以王矣。百姓皆以王为爱[8]也，臣固知王之不忍也。”

王曰：“然。诚[9]有百姓者。齐国虽褊[10]小，吾何爱一牛？即不忍其觳觫，若无罪而就死地，故以羊易之也。”

曰：“王无异[11]于百姓之以王为爱也，以小易大，彼恶知之？王若隐[12]其无罪而就死地，则牛羊何择[13]焉？”

王笑曰：“是诚何心哉？我非爱其财而易之以羊也。宜乎百姓之谓我爱也。”

曰：“无伤也。是乃仁术也，见牛未见羊也。君子之于禽兽也，见其生，不忍见其死；闻其声，不忍食其肉。是以君子远庖厨也。”

王说[14]，曰：“《诗》云：‘他人有心，予忖度[15]之。’夫子之谓也。夫我乃行之，反而求之，不得吾心。

夫子言之，于我心有戚戚焉。此心之所以合于王者，何也？”

曰：“有复于王者曰：‘吾力足以举百钧[16]，而不足以举一羽；明足以察秋豪之末[17]，而不见舆薪[18]。’则王许之乎？”

曰：“否。”

“今恩足以及禽兽，而功不至于百姓者，独何与？然则一羽之不举，为不用力焉；舆薪之不见，为不用明焉；百姓之不见保，为不用恩焉。故王之不王，不为也，非不能也。”

曰：“不为者与不能者之形何以异？”

曰：“挟太山以超北海[19]，语人曰：‘我不能。’是诚不能也。为长者折枝[20]，语人曰：‘我不能。’是不为也，非不能也。故王之不王，非挟太山以超北海之类也；王之不王，是折枝之类也。老吾老[21]，以及人之老；幼吾幼[22]，以及人之幼，天下可运[23]于掌。《诗》

云：‘刑[24]于寡妻，至于兄弟，以御于家邦。’言举斯心加诸彼而已。故推恩足以保四海，不推恩无以保妻子。古之人所以大过人者，无他焉，善推其所为而已矣。今恩足以及禽兽，而功不至于百姓者，独何与？权[25]，然后知轻重；度，然后知长短。物皆然，心为甚。王请度之。抑王兴甲兵、危士臣，构怨于诸侯，然后快于心与？”

王曰：“否。吾何快于是？将以求吾所大欲也。”

曰：“王之所大欲，可得闻与？”

王笑而不言。

曰：“为肥甘不足于口与？轻暖不足于体与？抑为采色不足视于目与？声音不足听于耳与？便嬖[26]不足使令于前与？王之诸臣，皆足以供之，而王岂为是哉？”

曰：“否。吾不为是也。”

曰：“然则王之所大欲可知已。欲辟土地，朝[27]秦、楚，莅[28]中国而抚四夷也。以若所为，求若所欲，犹缘木而求鱼也。”

王曰：“若是其甚与？”

曰：“殆有[29]甚焉。缘木求鱼，虽不得鱼，无后灾。以若所为，求若所欲，尽心力而为之，后必有灾。”

曰：“可得闻与？”

曰：“邹人与楚人战，则王以为孰胜？”

曰：“楚人胜。”

曰：“然则小固不可以敌大，寡固不可以敌众，弱固不可以敌强。海内之地，方千里者九，齐集有其一。以一服八，何以异于邹敌楚哉？盖亦反其本矣。今王发政施仁，使天下仕者皆欲立于王之朝，耕者皆欲耕于王之野，商贾皆欲藏于王之市，行旅皆欲出于王之涂，天下之欲疾其君者皆欲赴愬[30]于王，其若是，孰能御之？”

王曰：“吾惛[31]，不能进于是矣。愿夫子辅吾志，明以教我。我虽不敏，请尝试之。”

曰："无恒产而有恒心者，惟士为能。若民，则无恒产，因无恒心。苟无恒心，放辟邪侈，无不为已。及陷于罪，然后从而刑之，是罔[32]民也。焉有仁人在位，罔民而可为也？是故明君制民之产，必使仰足以事父母，俯足以畜妻子，乐岁终身饱，凶年免于死亡。然后驱而之善，故民之从之也轻[33]。今也制民之产，仰不足以事父母，俯不足以畜妻子，乐岁终身苦，凶年不免于死亡。此惟救死而恐不赡[34]，奚暇[35]治礼义哉？王欲行之，则盍反其本矣。五亩之宅，树之以桑，五十者可以衣帛矣；鸡豚狗彘之畜，无失其时，七十者可以食肉矣；百亩之田，勿夺其时，八口之家可以无饥矣；谨庠序之教，申之以孝悌之义，颁白者不负戴于道路矣。老者衣帛食肉，黎民不饥不寒，然而不王者，未之有也。"

注释

❶ 齐宣王：齐威王的儿子。

❷ 齐桓、晋文：齐桓公、晋文公，皆为春秋五霸之一。

❸ 无以：不得已。以，通"已"。

❹ 保：保护，爱护。

❺ 胡龁（hé）：齐宣王亲近的臣子。

❻ 衅钟：钟在铸好后，要杀牲取鲜血，涂抹在钟的孔隙中，以此祭奠。

❼ 觳觫（hú sù）：颤抖的样子。

❽ 爱：吝啬。

❾ 诚：的确。

❿ 褊（biǎn）：狭窄，小。

⓫ 异：奇怪。

⓬ 隐：可怜，同情。

⓭ 择：区别。

⓮ 说：喜悦，高兴。后作“悦”。

⓯ 忖度（cǔn duó）：推测。

⓰ 百钧：古代重量单位，一钧为三十斤。

⓱ 秋豪之末：秋天鸟兽毫毛的末端，这里代指极其细小的事物。

⓲ 舆薪：一车柴草，舆，车。薪，柴火。

⓳ 挟泰山以超北海：挟着泰山，跨越渤海。挟，用腋夹着。超，跨越。北海，渤海。

⓴ 折枝：折取枝条。

㉑ 老：前者为动词，敬爱。后者为名词，老人。

㉒ 幼：前者为动词，爱护。后者为名词，小孩。

㉓ 运：转动，把握。

㉔ 刑：通“型”，示范。寡妻：嫡妻。

㉕ 权：原指秤锤，这里是动词，称量。

㉖ 便嬖（pián bì）：君主宠幸的大臣。

㉗ 朝（cháo）：使……来朝见。

㉘ 莅（lì）：临，到。中国：中原地区。

㉙ 有：又。

㉚ 愬（sù）：通“诉”，控诉。

㉛ 惛（hūn）：神志不清，头脑昏乱。

㉜ 罔：诬罔，坑害。

㉝ 轻：轻易。

㉞ 赡：足够，满足。

㉟ 奚暇：哪里有闲暇。

译文

齐宣王问道：“齐桓公、晋文公称霸的事迹，我能听您讲讲吗？”

孟子回答说：“孔子的弟子没有讲齐桓公、晋文公的事迹的，因此后世没有流传下来，我也未曾听说过。如果一定要我讲，那我就谈谈王道吧？”

宣王问：“德行要达到什么标准，才能做天下的王？”

孟子回答说：“养护人民，统一天下，无人能挡。”

宣王又问：“像我这样的人，可以养护人民吗？”

孟子说：“可以。”

宣王又问：“你怎么知道我可以呢？”

孟子说：“我听胡龁说：大王曾坐在朝堂上，有人牵牛从堂下走过，大王看见了，便问：‘这牛要牵到哪里去？’那人回答说：‘准备用来祭钟。’您说：‘把它放了吧，我不忍心见它颤抖的样子，它并没有罪过，却要被杀死。’那人便问：‘既然如此，那么您是要废掉祭钟的仪式吗？’您说：‘怎么能废掉呢？用羊来代替吧。’不知有没有这回事？”

宣王说：“有这回事。”

孟子说：“您拥有的这样的善心就足以做天下的王了。百姓都以为大王吝啬，我早就知道大王是不忍心。”

宣王说：“是的。确实有这样的百姓。齐国虽说领土狭小，我还不至于会吝啬一头牛吧？只是我不忍看到它颤抖的样子，没有罪过却要被杀死，因此，便用羊来代替它。”

孟子说：“大王不要怪百姓认为您吝啬，以小替大，他们怎么会理解呢？大王如果是怜悯牛无罪而被杀死，那杀牛与杀羊又有什么区别呢？”

宣王笑着说：“这是什么居心啊？我并非吝啬钱财才用羊代替牛的。不过百姓认为我吝啬也有一定的道理。”

孟子说：“没有关系的。这正是仁爱的表现，您见到了牛在颤抖而没见到羊颤抖罢了。君子对待禽兽，看到它活着，就不忍心看到它死；听到它的哀叫，就不忍心吃它的肉。因此君子会远离厨房。”

宣王很高兴，说：“《诗》上说：‘他人有想法，我揣测得到。’说的就是您吧。我自己做的事，反过来思索其中的原因，却不得其解。可您的一席话，却让我心中感动。但说我这样的善心符合王道，为什么呢？”

孟子说：“如果有人向大王报告说：‘我的力量能举起三千斤的重物，却不能举起一根羽毛；我的视力能看到秋毫细微的末端，却看不见一车柴草。’大王会同意他的话吗？”

宣王说：“不同意。”

孟子说：“现在，大王的恩惠都施加到禽兽身上了，而百姓却不能得到好处，这是为什么呢？既然如此，那么举不起一根羽毛，就是不用力的缘故；看不见一车柴草，是不用眼看的缘故；百姓不能得到保全，是因为没布施恩惠罢了。因此，大王没能实现王道，是不去做，并非做不到。”

宣王问：“不去做与做不到的情形有什么区别呢？”

孟子说：“挟着泰山跨越渤海，对人说：‘我做不到。’这是真的做不到。为年长者折取树枝，对人说：‘我做不到。’这是不去做，并非做不到。因此，大王不施行王道，不属于挟泰山跨越渤海这类情形；大王不施行王道，是属于为长者折取树枝这类情形。尊重自家的老人，推及尊重别人家的老人；爱护自家的孩子，推及爱护别人家的孩子，天下的事就易如反掌了。《诗》中说：‘为妻树立榜样，推及于兄弟，进而到国家。’说的就是将这种善心推及于他人罢了。因此，将恩惠推及出去可以保有四海，不将恩惠推及出去就连妻儿也无法保全。古代的明君之所以能远超他人，没别的原因，善于推己及人罢了。现在大王的恩惠足以施加到禽兽身上，却推及不到百姓身上，到底为什么呢？称一下，然后才知道轻重；量一下，然后才知道长短。世间万物都是如此，人心更是如此。大王请您想想。还是说兴师动众，危及将士大臣的性命，和诸侯结怨，然后您心里才会痛快吗？”

宣王说：“不是的。我怎会因为这些而痛快呢？只是想实现我的伟大理想罢了。”

孟子问：“大王的理想，我能听听吗？”

宣王笑而不答。

孟子说：“是因为肥美的食物不能满足口腹之欲吗？是轻暖的衣服不够穿吗？或是艳丽的颜色不够看？美妙的音乐不够听？是侍从不够使唤吗？这些大王的臣子都能够供给，大王难道是为了这些吗？”

宣王说：“不。我不是为了这些。”

孟子说：“既然这样，那么大王的大理想可以知道了。大王是想开疆拓土，让秦国、楚国都来朝拜您，成为天下的共主，以安抚四方。可通过您的所做，去追求您的理想，就像爬上树去捉鱼一样。”

宣王说：“有这么严重吗？”

孟子说：“恐怕还要更严重。爬上树去捉鱼，即使得不到鱼，也没有灾祸。以您的所做，追求您想要的东西，尽心竭力去做，必有灾患。”

宣王问：“我能听听其中的道理吗？”

孟子说：“邹人和楚人打仗，大王觉得哪方会取胜？”

宣王说：“楚人胜。”

孟子说：“既然如此，小国本来就不应该与大国为敌，人口少的本就不可与人口多的为敌，国力弱的本就不可与国力强的为敌。四海之内，方圆千里的国家有九个，齐国只是其中之一。以一国制服八国，这与邹国对抗楚国有什么不同呢？大概也只有返回到根本上了。现在，如果大王发布施行仁政的命令，使天下想做官的都愿意在您的朝中任职，耕田的都想在您的田野里耕种，经商的都想在您的市场上经营，旅客都想在您的道路上行走，天下痛恨他们国家君主的人都想到大王的面前控诉，若能如此，谁能阻挡得住呢？”

宣王说：“我有些混乱，不能很好地理解您讲的道理。希望您能使我明志，明确地教导我。我虽然不聪慧，但愿意尝试一下。”

孟子说：“没有恒定的资产而有坚定的意志的，只有士人能够做到。像一般的百姓，没有恒定的资产，便会因此没有坚定的意志。如果没有坚定的意志，就会放肆奸邪，无所不为。等他们犯了罪，然后再用刑罚惩治他们，这就是坑害百姓。哪里有仁爱的君主在位而坑害自己百姓的呢？因此，贤明的君主管理分配人民的财产，一定会使他们上足以侍奉父母，下足以养育妻儿，丰年能吃饱饭，荒年免于饿死。然后再引导百姓向善，这样，百姓就很容易听从他。可现在管理分配老百姓的财产，上不足以侍奉父母，下不足以养活妻儿，丰年吃不饱，荒年免不了饿死。这时，人们救活自己还来不及，哪有闲暇去学习礼义呢？大王若真要实行仁政，何不返回到根本上来呢？假使拥有五亩土地的人家，种上桑树，五十岁以上的老人就可以穿上丝帛了；鸡狗猪等家畜，不要错过生殖时期，七十岁以上的老人就可以吃上肉了；百余亩的田地，不要让百姓错过农忙时节，八口人的家庭就没有饥饿了；谨慎地办好学校教育，反复强调孝敬父母，敬爱兄弟姐妹的道理，头发花白的老人就不会负担重物走在道路上了。老人能穿上丝帛吃上肉，百姓们不挨饿受冻，这样还不能称王的，还从来没有过。”

孟子

梁惠王（下）

本篇在内容上主要记录了孟子在齐国做客卿时与齐宣王的对话，论述的内容多与王道和仁政有关，集中展现了孟子朴素的民本思想，他主张国君要与人民同呼吸、共命运，这样老百姓才会拥护他，要与民同乐，要照顾鳏寡孤独等社会上的弱势群体，轻徭薄赋，以王道为最终的依归。本篇共十六章，本书选录了能代表孟子思想的十一章。

本篇中的『乐民之乐者，民亦乐其乐；忧民之忧者，民亦忧其忧』，这种与民同忧患的思想，对后世影响深远。宋代的范仲淹站在岳阳楼上高呼『先天下之忧而忧，后天下之乐而乐』；明末的顾炎武总结大明王朝灭亡的教训时，做出了『天下兴亡，匹夫匹妇与有责焉』的清醒反思；清末，面对着人民饱受鸦片肆虐之苦，林则徐立下志向：『苟利国家生死以，岂因祸福避趋之』。这些都可以从孟子的这种思想上找到源头。

与民同乐

庄暴[1]见孟子，曰："暴见于王，王语暴以好乐[2]，暴未有以对也。"曰："好乐何如？"

孟子曰："王之好乐甚，则齐国其庶几[3]乎！"

他日，见于王曰："王尝语庄子以好乐，有诸？"

王变乎色，曰："寡人非能好先王之乐也，直好世俗之乐耳。"

曰："王之好乐甚，则齐其庶几乎！今之乐犹古之乐也。"

曰："可得闻与？"

曰："独乐乐，与人乐乐，孰乐？"

曰："不若与人。"

曰："与少乐乐，与众乐乐，孰乐？"

曰："不若与众。"

“臣请为王言乐。今王鼓乐于此，百姓闻王钟鼓之声、管籥[4]之音，举疾首蹙頞[5]而相告曰：‘吾王之好鼓乐，夫何使我至于此极也？父子不相见，兄弟妻子离散。’今王田猎于此，百姓闻王车马之音，见羽旄[6]之美，举疾首蹙頞而相告曰：‘吾王之好田猎[7]，夫何使我至于此极也？父子不相见，兄弟妻子离散。’此无他，不与民同乐也。今王鼓乐于此，百姓闻王钟鼓之声、管籥之音，举欣欣然有喜色而相告曰：‘吾王庶几无疾病与？何以能鼓乐也？’今王田猎于此，百姓闻王车马之音，见羽旄之美，举欣欣然有喜色而相告曰：‘吾王庶几无疾病与？何以能田猎也？’此无他，与民同乐也。今王与百姓同乐，则王矣。”

注释

1. 庄暴：齐宣王的臣子。
2. 乐：音乐。
3. 庶几：差不多。
4. 管籥（yuè）：笙箫之类的吹奏乐器。
5. 举：全，皆。疾首：头痛。蹙頞（cù è）：忧愁的样子。蹙，皱。頞，鼻梁。

❻ 羽旄（máo）：古代以羽毛和牦牛尾为装饰的旗帜。

❼ 田猎：打猎。

译文

庄暴拜见孟子，说："我见到大王，大王对我说他喜欢音乐，我不知道该怎么回答他。"庄暴便问孟子："喜欢音乐会怎么样呢？"

孟子说："大王如果十分喜欢音乐，那么齐国就有望治理好了。"

过了些天，孟子见到齐宣王，说："大王曾对庄暴说自己喜欢音乐，有这件事吗？"

齐宣王变了脸色，说："我不喜欢先王的音乐，只喜好世俗的音乐罢了。"

孟子说："大王十分喜欢音乐，那么齐国就有望治理好了！现在的音乐与古代的音乐没什么区别。"

宣王问："我能听听其中的道理吗？"

孟子说："独自享受音乐的快乐，与人共享音乐的快乐，哪个更快乐呢？"

齐宣王说："独享不如共享更快乐。"

孟子说："与少数人共享音乐的快乐，与众人共享音乐的快乐，哪个更快乐呢？"

齐宣王说："与少数人共享不如与众人共享更快乐。"

孟子接着说："臣给大王说说这种快乐吧。假如大王在此奏乐，百姓一听到钟鼓之声、管弦之音，都开始头疼，皱着眉相互转告说：‘我们的国君这么喜欢音乐，为什么使我们陷入这么不堪的境地呢？父子不能见面，兄弟妻儿离散。’假如大王在此打猎，百姓听到大王的车马声音，看到华美的旗帜，都开始头疼，皱着眉相互转告说：‘我们的国君这么喜欢打猎，为什么使我们陷入这么不堪的境地呢？父子不能见面，兄弟妻儿离散。’这没别的原因，大王不与百姓共享快乐罢了。假如大王在此奏乐，百姓听了钟鼓之声、管弦之音，全都面带喜色地相互转告说：‘我们国君大概身体很好吧，不然怎么能奏乐呢？’假如大王在此打猎，百姓听到大王的车马声音，看到华美的旗帜，全都面带喜色地相互转告说：‘我们国君大概身体很好吧，不然怎么能出来打猎呢？’这没别的原因，大王与百姓共享快乐罢了。现在大王如果能与百姓共享快乐，就可以在天下称王了。”

文王之囿

齐宣王问曰："文王之囿[1]，方七十里，有诸？"

孟子对曰："于传[2]有之。"

曰："若是其大乎？"

曰："民犹以为小也。"

曰："寡人之囿，方四十里，民犹以为大，何也？"

曰："文王之囿，方七十里，刍荛者[3]往焉，雉兔者[4]往焉，与民同之。民以为小，不亦宜乎？臣始至于境，问国之大禁，然后敢入。臣闻郊关之内有囿，方四十里，杀其麋鹿者如杀人之罪，则是方四十里，为阱[5]于国中，民以为大，不亦宜乎？"

注释

1 囿（yòu）：古代帝王畜养禽兽的园林。

2 传（zhuàn）：古代流传下来的文献。

3 刍荛（ráo）者：樵采者。刍，草。荛，柴。

④ 雉（zhì）兔者：打猎的人。雉，野鸡。

⑤ 阱（jǐng）：陷阱。

译文

齐宣王问道："周文王的苑囿方圆达七十里，有这回事吗？"

孟子回答说："传下来的文献上有这样的记载。"

宣王问："这样不是太大了吗？"

孟子说："百姓尚且认为很小呢。"

宣王说："我的苑囿方圆才四十里，百姓就认为很大，为什么呢？"

孟子说："文王的苑囿方圆七十里，可砍柴的百姓能去，打野鸡捕野兔的猎人能去，他与百姓共同享用。百姓认为很小，不也应该吗？我才到齐国的边境，问明了齐国的禁令，才敢进入。我听说郊外有个苑囿方圆四十里，杀死麋鹿的人与杀人者同罪，那么，这个方圆四十里的苑囿就是在国内建了一个陷阱，百姓认为它太大了，不也应该吗？"

乐民之乐者，民亦乐其乐

齐宣王见孟子于雪宫[1]。王曰：“贤者亦有此乐乎？”孟子对曰：“有。人不得，则非[2]其上矣。不得而非其上者，非也。为民上而不与民同乐者，亦非也。乐民之乐者，民亦乐其乐；忧民之忧者，民亦忧其忧。乐以天下，忧以天下，然而不王者，未之有也。”

注释

1 雪宫：齐宣王的离宫。

2 非：非议，埋怨。

译文

齐宣王在雪宫里召见孟子。齐宣王问道：“贤人也有这样的快乐吗？”

孟子答道：“有。人们如果得不到这种快乐，就会埋怨在上的国君。得不到这种快乐就去埋怨国君，是不对的；可作为人民之上的君主却不与人民共享快乐，也是不对的。以人民的快乐为快乐的君主，人民也会以他的快乐为快乐；以人民的忧愁为忧愁的君主，人民也会以他的忧愁为忧愁。快乐了与天下人同乐，忧愁了与天下人同忧，还不能在天下称王的，还从来没有过。”

与百姓同之，于王何有！

齐宣王问曰：“人皆谓我毁明堂[1]，毁诸？已乎？”

孟子对曰：“夫明堂者，王者之堂也。王欲行王政，则勿毁之矣。”

王曰：“王政可得闻与？”

对曰：“昔者文王之治岐[2]也，耕者九一，仕者世禄，关市讥而不征[3]，泽梁无禁，罪人不孥[4]。老而无妻曰鳏[5]，老而无夫曰寡，老而无子曰独，幼而无父曰孤。此四者，天下之穷民而无告者。文王发政施仁，必先斯四者。《诗》云：‘哿矣富人，哀此茕独！’[6]”

王曰：“善哉言乎！”

曰：“王如善之，则何为不行？”

王曰：“寡人有疾，寡人好货。”

对曰：“昔者公刘[7]好货。《诗》云：‘乃积乃仓，乃裹糇粮[8]，于橐于囊[9]，思戢用光[10]。弓矢斯张，干戈戚[11]扬，爰[12]方启行。'故居者有积仓，行者有裹囊也，然后可以爰方启行。王如好货，与百姓同之，于王何有？"

王曰："寡人有疾，寡人好色。"

对曰："昔者太王好色，爱厥妃。《诗》云：'古公亶甫，来朝走马。率西水浒，至于岐下。爰及姜女[13]，聿来胥宇[14]。'当是时也，内无怨女[15]，外无旷夫[16]。王如好色，与百姓同之，于王何有？"

注释

1. 谓我：劝我。明堂：指泰山下明堂，周天子东巡狩接见诸侯之地。
2. 岐：今陕西岐山县。
3. 关：关卡。市：集市。讥：检查，盘问。征：征税。
4. 孥（nú）：妻儿，这里是牵连妻儿的意思。
5. 鳏（guān）：成年无妻或丧妻者。
6. 哿（gě）矣富人，哀此茕（qióng）独：出自《诗·大雅·绵》。欢乐的都是富裕的人，悲哀的都是孤独无依的人。哿，欢乐。茕独，孤独。
7. 公刘：周代创业的始祖。

⑧ 糇（hóu）粮：干粮。

⑨ 橐（tuó）囊：泛指口袋。

⑩ 思：语气词。戢（jí）：和睦，安定。光：发扬光大。

⑪ 戚：斧。

⑫ 爰：于是。

⑬ 姜女：太王妃。

⑭ 聿（yù）：语气助词。胥：观察。宇：房屋、住所。

⑮ 怨女：年长而未及时婚配的女子。

⑯ 旷夫：年长而未及时娶妻的男子。

译文

齐宣王问道："人们都劝我毁了明堂，是毁了呢？还是不毁呢？"

孟子回答说："明堂，即为王者的厅堂。大王想要施行王政，就不要毁了。"

齐宣王问："王政的道理，我能听听吗？"

孟子回答说："从前周文王治理岐地时，耕地的人交纳九分之一的税，做官的享受世袭的俸禄，在关卡和集市上只盘问而不需交税，沼泽河流里打鱼不加禁止，罪犯不牵连他的妻儿。老而无妻的叫鳏夫，老而无丈夫的叫寡妇，老而无子的叫独老，幼而无父的叫孤儿。这四种人，是天下最穷困而无处依靠的人。周文王发布政令，实行仁政，必先照顾这四种人。《诗》中说：'富人多欢快，可怜啊孤独的人！'"

齐宣王说："这话说得真好啊！"

孟子说："大王如果认为这话说得好，为什么不去实行呢？"

齐宣王说："我有个毛病，我喜欢财物。"

孟子回答说："从前公刘也喜欢财物。《诗》中说：'粮食屯起积满仓，裹好干粮人儿忙，口袋装得满当当，百姓和睦国威扬。箭上弦来弓儿张，干戈利斧齐手扬，前进队列浩荡荡。'因此留在家中的人有仓库里的积粮，行军在外的人有行囊里的干粮，这样以后便可以挥兵出师。大王若喜欢财物，能与百姓共享，有什么不行呢？"

齐宣王说："我有个毛病，我喜欢美色。"

孟子回答说："从前太王也喜欢美色，宠爱他的妃子。《诗》中说：'古公亶甫，清早跨马。水畔西行，到那岐山。偕同太妃，观赏屋宇。'那时，没有嫁不出去的女子，也上没有娶不到媳妇的男子。大王如果喜欢美色，能与百姓共享，有什么不可以的呢？"

四境之内不治，则如之何？

孟子谓齐宣王曰："王之臣，有托其妻子于其友而之楚游者。比[1]其反也，则冻馁[2]其妻子。则如之何？"

王曰："弃之。"

曰："士师[3]不能治士，则如之何？"

王曰："已[4]之。"

曰："四境之内不治，则如之何？"

王顾左右而言他。

注释

1 比：等到。

2 馁：饥饿。

3 士师：狱官。

4 已：停职，罢免。

译文

孟子对齐宣王说："假若大王的一个臣子将妻儿托付给他的朋友，到楚国游学去了，可等他回来，妻儿却在挨饿受冻，对这样的朋友，怎么办呢？"

齐宣王说："和他绝交。"

孟子又说："当官的不能管理好他的下属，对这样的官员，该怎么办呢？"

齐宣王说："停他的职。"

孟子接着问："四方之内的整个国土没治理好，对这样的国君，应该怎么办呢？"

齐宣王左右张望着转移到了其他话题。

吾何以识其不才而舍之?

孟子见齐宣王，曰:“所谓故国者，非谓有乔木之谓也，有世臣[1]之谓也。王无亲臣矣，昔者所进，今日不知其亡[2]也。”

王曰:“吾何以识其不才而舍之?”

曰:“国君进贤，如不得已，将使卑逾[3]尊，疏逾戚，可不慎与? 左右皆曰贤，未可也。诸大夫皆曰贤，未可也。国人皆曰贤，然后察之；见贤焉，然后用之。左右皆曰不可，勿听。诸大夫皆曰不可，勿听。国人皆曰不可，然后察之；见不可焉，然后去之。左右皆曰可杀，勿听。诸大夫皆曰可杀，勿听。国人皆曰可杀，然后察之;见可杀焉，然后杀之。故曰国人杀之也。如此，然后可以为民父母。”

注释

1 世臣：累世功勋的大臣。

2 亡：弃用。

③ 逾：超过。

译文

孟子拜见齐宣王，说：“所谓古国，并非说有高大的树木，而是有累世功勋的大臣。大王没亲信的臣子了，以前所用的人，现在不知不觉间都弃之不用了。”

齐宣王问：“我如何识别他们没有才华而舍弃他们呢？”

孟子回答说：“国君进用贤才，若是迫不得已，就要使卑贱的超过尊贵的，使疏远的超过亲近的，能不慎重吗？左右的人都说他有贤能，还不可以。诸位大夫都说他有贤能，还不可以。若全国人都说他有贤能，然后考察他；如果发现他的确贤能，然后进用他。左右的人都说他不可用，不要听信。诸位大夫都说他不可用，不要听信。全国人都说他不可用，然后考察他；若发现他确实不可用，然后弃用他。左右的人都说他可杀，不要听信。诸位大夫都说他可杀，不要听信。全国人都说他可杀，然后考察他；若发现他的确可杀，然后杀掉他。因此说是国人杀掉了他。如此，便可以做人民的父母官了。”

臣弑其君可乎？

齐宣王问曰："汤放桀[1]，武王伐纣，有诸？"

孟子对曰："于传有之。"

曰："臣弑其君，可乎？"

曰："贼仁者谓之贼，贼义者谓之残。残贼之人，谓之一夫[2]。闻诛一夫纣矣，未闻弑君也。"

注释

[1] 汤放桀：商汤把夏桀流放到南巢（今安徽巢湖东北）。桀，夏朝最后一位君主，以暴虐著称。

[2] 一夫：一独夫，即一孤立之人。

译文

齐宣王问道："商汤流放了夏桀，周武王讨伐了商纣，有这些事吗？"

孟子回答："传下的文献上有这样的记载。"

齐宣王又问："做臣子的杀掉国君，是可以的吗？"

孟子说："戕害仁的人叫作祸害之人，戕害义的人叫作凶暴之人，（这种）祸害之人或凶暴之人叫作'孤家寡人'，我只听说杀了一个失道寡助的纣，没有听说臣子杀了国君的事。"

齐人伐燕胜之

齐人伐燕[1]，胜之。宣王问曰："或谓寡人勿取，或谓寡人取之。以万乘之国伐万乘之国，五旬[2]而举[3]之，人力不至于此。不取必有天殃，取之何如？"

孟子对曰："取之而燕民悦，则取之。古之人有行之者，武王是也。取之而燕民不悦，则勿取。古之人有行之者，文王是也。以万乘之国伐万乘之国，箪[4]食壶浆以迎王师，岂有他哉？避水火也。如水益深，如火益热，亦运[5]而已矣。"

注释

1 齐人伐燕：齐宣王五年，燕王哙（kuài）将国君之位让给了丞相子之，导致国中大乱。齐国乘机讨伐，燕国士卒大开城门，不战而降，齐国大胜。

2 旬：十日为一旬。

3 举：攻克。

4 箪（dān）：饭筐。

5 运：这里指远离。

译文

齐人讨伐燕国，战胜了。宣王问道：“有人劝我不要占领燕国，有人劝我占领它。一个拥有万辆战车的国家讨伐同样拥有万辆战车的国家，五十天就攻下了它，这不是人力所能办到的事。不占领它恐怕上天会降下灾祸，占领它怎么样呢？”

孟子回答说：“占领它，燕国百姓高兴，就占领它。古人中有这么做的，周武王就是。占领它，燕国百姓不高兴，就不要占领它。古人中有这么做的，周文王就是。以拥有万辆战车的国家讨伐另一个拥有万辆战车的国家，人们用竹筐盛着饭食，用壶装着饮料，来迎接君王的军队，还有其他原因吗？为了躲避水深火热的苦难罢了。如果水更深了，火更热了，远离它罢了。”

置君而后去之，则犹可及止也。

齐人伐燕，取之。诸侯将谋救燕。宣王曰：“诸侯将谋伐寡人者，何以待之？”

孟子对曰：“臣闻七十里为政于天下者，汤是也。未闻以千里畏人者也。《书》曰：‘汤一征，自葛始。’天下信之。东面而征，西夷怨；南面而征，北狄怨。曰：‘奚为后我？’民望之，若大旱之望云霓[1]也。归市者不止，耕者不变。诛其君而吊[2]其民，若时雨降，民大悦。《书》曰：‘徯我后[3]，后来其苏[4]！’今燕虐其民，王往而征之，民以为将拯己于水火之中也，箪食壶浆，以迎王师。若杀其父兄，系累[5]其子弟，毁其宗庙，迁其重器[6]，如之何其可也？天下固畏齐之强也，今又倍地而不行仁政，是动天下之兵也。王速出令，反其旄倪[7]，止其重器，谋于燕众，置君而后去之，则犹可及止也。”

注释

❶ 云霓（ní）：彩虹。

❷ 吊：慰问。

❸ 徯（xī）：等待。后：君主。

❹ 苏：复苏，复生。

❺ 系累：捆绑。

❻ 重器：象征着国家权力与财富的青铜鼎等宝器。

❼ 旄（mào）：通“耄”，年老，这里指老人。倪（ní）：幼儿。

译文

齐人讨伐燕国并占领了它。诸侯们谋划着要拯救燕国。齐宣王问孟子道：“诸侯将要谋划着来讨伐我，怎么对付他们呢？”

孟子回答说：“我听说商汤是凭借着七十里的国土而能对天下施政的君主。没有听说过拥有千里土地却害怕别人的君主。《书》中说：‘商汤的第一次征伐，从葛国开始。’天下人都信任他。他向东面征伐，西方的民族便埋怨他；他向南面征伐，北方的民族便埋怨他。他们说：‘为什么把我们排在后面呢？’百姓期盼他，就像大旱时盼望云雨一样。做生意的不停业，种田的不改行。诛杀暴君，抚慰百姓，就像及时雨降了下来一样，人们十分高兴。《书》中说：‘等待明君，明君到来我们就复苏了！’现在燕国的君主虐待他的百姓，大王前往征讨，百姓以为大王将要把他们从水深火热中拯救出来，便用筐盛着饭食，用壶装着饮料，来迎接大王的军队。结果现在大王要杀他们的父兄，俘虏他们的子弟，毁坏他们的庙堂，迁走他们的宝器，这么做怎么能行呢？天下人本来就畏惧齐国的强大，现在又扩张了一倍的领土，还不实行仁政，这会招致天下各国兴兵来犯。大王赶紧下发命令，归还他们的老人小孩儿，停止迁动他们的宝器，与燕国人谋划，拥立了国君而后撤离，那么还来得及阻止诸侯动兵。”

君行仁政，斯民亲其上，死其长矣。

邹与鲁閧[1]。穆公[2]问曰："吾有司[3]死者三十三人，而民莫之死也。诛之，则不可胜诛，不诛，则疾视其长上之死而不救。如之何则可也？"

孟子对曰："凶年饥岁，君之民老弱转[4]乎沟壑，壮者散而之四方者，几千人矣；而君之仓廪实、府库充，有司莫以告，是上慢而残下也。曾子[5]曰：'戒之戒之！出乎尔者，反乎尔者也。'夫民今而后得反之也，君无尤焉！君行仁政，斯民亲其上，死其长矣。"

注释

1. 閧（hòng）：争夺，相斗。
2. 穆公：邹国的国君。
3. 有司：官吏。
4. 转：弃尸。
5. 曾子：曾参，孔子的弟子。

译文

邹国与鲁国发生冲突。穆公问：“我的官员中战死的有三十三个人，可百姓没有一个愿意为了他们而死。将他们全部杀了吧，又杀不尽，不杀他们吧，又恨他们竟眼见着自己的长官死去而不施救。该怎么办才好呢？”

孟子回答说：“灾荒的年份，大王的百姓年老体弱者陈尸在沟壑之中，年轻力壮者流散四方的有几千人；可大王的粮仓充实，国库充盈，官员们没有一个向您汇报灾荒实情的，这就是官员们对上疏忽职守，对下残酷暴虐的行为啊。曾子说：‘警戒啊，警戒啊！出自你的行为，反过来也会应到你的身上。’百姓不过是将这种行为返还给他们，所以大王不要怪罪他们！如果大王推行了仁政，那么百姓就会亲近长官，愿意为他们而献身了。”

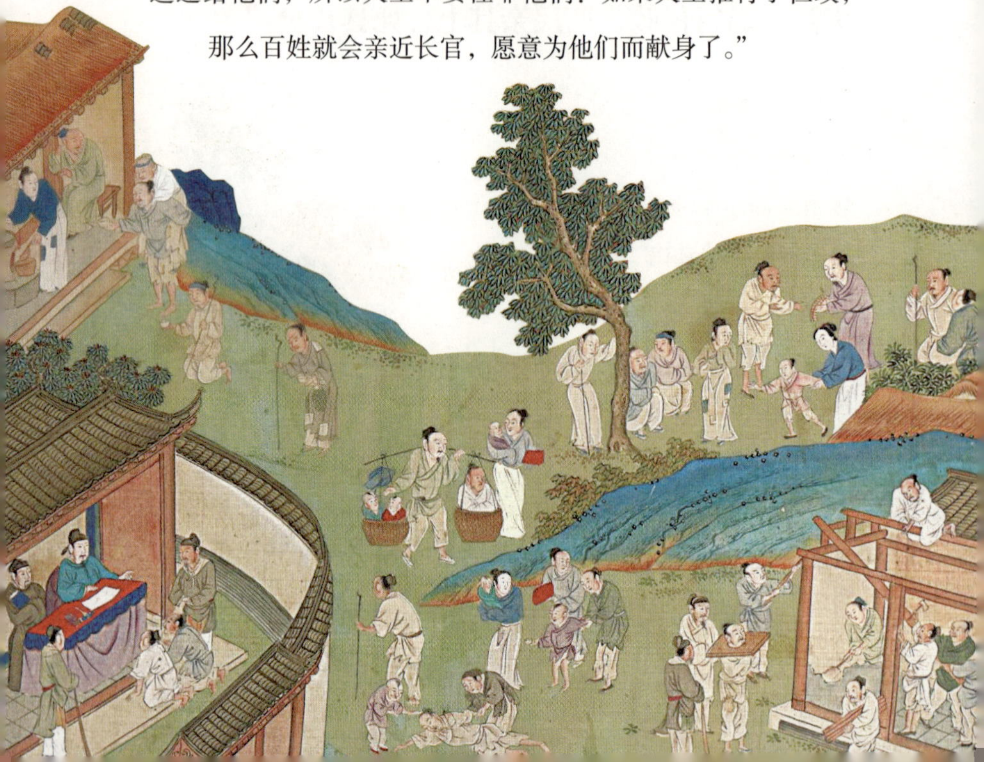

事齐乎？事楚乎？

滕文公问曰："滕[1]，小国也，间于齐、楚。事齐乎？事楚乎？"

孟子对曰："是谋非吾所能及也。无已，则有一焉：凿斯池[2]也，筑斯城也，与民守之，效死而民弗去，则是可为也。"

注释

❶ 滕：周朝的一个小诸侯国，在今山东滕州西南。

❷ 池：护城河。

译文

滕文公问道："滕国，是一个小国，处在齐国与楚国两个大国之间。是侍奉齐国，还是侍奉楚国呢？"

孟子答道："这种谋划不是我能解答的。如果非要我说不可的话，我有一个法子：深挖护城河，筑高城墙，与百姓一同守卫它，就是战死百姓也不会远离您，那么就有希望了。"

孟子

公孙丑（上）

本篇论述了仁政、人格修养、人性等问题。本篇共计九章，本书选录了其中的五个章节。

孟子在本篇中区分了两种统一天下的方式：王道和霸道。他提出『王道』与『霸道』是不同的，王道是通过仁爱天下，最终凝聚天下的人心；霸道是通过武力征服天下，最终称霸天下，但不能凝聚人心。前者人民心悦诚服，后者人民虽一时屈服，然而内心终不屈服。

在人格修养方面，孟子善于通过养护正直的品性来培养一种他所谓的『浩然正气』。同时，孟子认为仁政之所以能够实现，在于人的本性中都有着『不忍人之心』。进而，他阐发了自己的『性善论』。他认为人天生有四种善端，这是人类道德得以实现的本源。

我善养吾浩然之气

（公孙丑曰：）“敢问夫子恶乎长？”

（孟子）曰：“我知言，我善养吾浩然[1]之气。”

“敢问何谓浩然之气？”

曰：“难言也。其为气也，至大至刚，以直养而无害，则塞于天地之间。其为气也，配义与道；无是，馁[2]也。是集义所生者，非义袭[3]而取之也。行有不慊[4]于心，则馁矣。我故曰告子未尝知义，以其外之也。必有事焉而勿正[5]，心勿忘，勿助长也。无若宋人然。宋人有闵[6]其苗之不长而揠[7]之者，芒芒然归，谓其人曰：‘今日病[8]矣，予助苗长矣。’其子趋而往视之，苗则槁矣。天下之不助苗长者寡矣。以为无益而舍之者，不耘苗者也。助之长者，揠苗者也，非徒[9]无益，而又害之。”

“何谓知言？”

曰：“诐辞[10]知其所蔽，淫辞[11]知其所陷，邪辞知其所离[12]，遁辞[13]知其所穷[14]。生于其心，害于其政；发于其政，害于其事。圣人复起，必从吾言矣。”

注释

1. 浩然：盛大壮阔的样子。
2. 馁：这里是虚弱的意思。
3. 袭：从外面袭取。
4. 慊（qiè）：满足，安然。
5. 正：预想。
6. 闵：忧虑。
7. 揠（yà）：拔起。
8. 病：疲倦。
9. 非徒：不但。
10. 诐（bì）辞：偏颇的言辞。蔽：遮蔽，这里指缺陷。
11. 淫：过分。
12. 离：背离。
13. 遁辞：理屈时，故意逃避正题的话。
14. 穷：理亏的地方。

译文

公孙丑问：“请问老师您擅长什么？”

孟子说："我善于辨析他人的言辞，我善于培养我的浩然之气。"

公孙丑问："请问什么是浩然之气？"

孟子说："这很难说清楚啊。它作为一种气，最广大最刚强，用正直去培养它而不伤害它，它就能充塞在天地之间。这种气，要配合着义和道；如果缺乏了，它就虚弱了。它是不断积累义而产生的，并不是偶尔有了正义的举动就能取得的。一旦行为有愧于心，它就虚弱了。我因此说告子还不知道义，因为他把义看作是外在的。一定要时刻培养它但不要去猜想，心中不忘，也不主观地帮助它成长。不要像宋国的那个人一样。宋国有个担忧禾苗不长而用手拔高它们的人，他身心疲乏地回到家中，对家人说：'今天太累了，我帮助禾苗长高了。'他儿子急忙跑到田里察看，禾苗都枯萎了。天下间不帮助禾苗成长的人太少了。认为这事儿无益而置之不理的人，只是不勤耕而已。想帮助禾苗长高，但做法却是拔起禾苗，这样非但没有益处，反而是害了它。"

公孙丑问："什么是善于辨析他人的言辞呢？"

孟子说："偏颇的言辞我能辨析出它片面的地方，浮夸的言辞我能辨析出它夸大的地方，邪恶的言辞我能辨析出它背离正道的地方，支吾的言辞我能辨析出它理亏的地方。这些言辞产生于人的内心，会危害政治；施行到政事上，就会危害工作。如果圣人再现的话，一定会同意我的观点。"

以力服人者非心服也

孟子曰：“以力假[1]仁者霸，霸必有大国。以德行仁者王，王不待[2]大。汤以七十里，文王以百里。以力服人者，非心服也，力不赡[3]也；以德服人者，中心悦而诚服也，如七十子[4]之服孔子也。《诗》云：‘自西自东，自南自北，无思不服。’此之谓也。”

注释

1. 假：借。
2. 待：依靠。
3. 赡：足够。
4. 七十子：传说孔子弟子三千，其中有成就的有七十二人。

译文

孟子说：“凭借强大的武力，假借仁义的名号而称霸天下，要称霸天下就必须要有强大的国家。凭借道德施行仁政的可以称王天下，称王不必依靠国家的强大。商汤凭借的是七十里的国土，文王凭借的是一百里的国土。依靠武力征服别人的，并不能使人心服，只是人们没有足够的反抗力量罢了；依靠德行使人们服从的，人

们是内在的心悦诚服，就像那七十弟子服从孔子一样。《诗》中说：‘从西到东，从南到北，无人不服。’说的就是这种情况。”

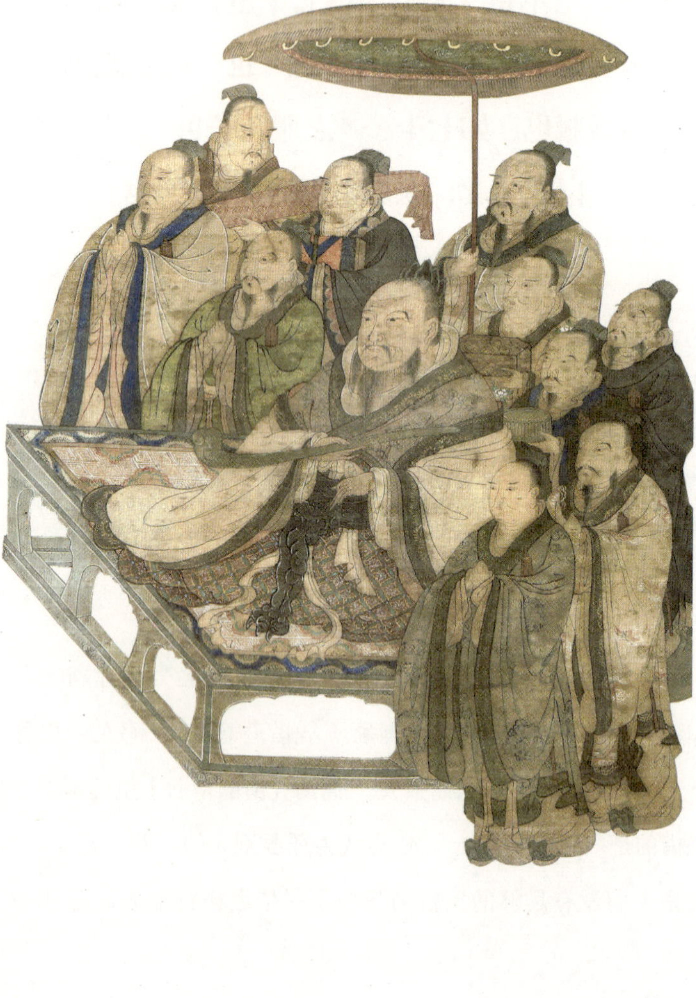

人皆有不忍人之心

孟子曰："人皆有不忍人之心。先王有不忍人之心，斯有不忍人之政矣。以不忍人之心，行不忍人之政，治天下可运之掌上。所以谓'人皆有不忍人之心'者，今人乍[1]见孺子将入于井，皆有怵惕恻隐[2]之心，非所以内交[3]于孺子之父母也，非所以要[4]誉于乡党朋友也，非恶其声而然也。由是观之，无恻隐之心，非人也；无羞恶之心，非人也；无辞让之心，非人也；无是非之心，非人也。恻隐之心，仁之端[5]也；羞恶之心，义之端也；辞让之心，礼之端也；是非之心，智之端也。人之有是四端也，犹其有四体也。有是四端而自谓不能者，自贼[6]者也。谓其君不能者，贼其君者也。凡有四端于我者，知皆扩而充之矣，若火之始然[7]，泉之始达。苟能充之，足以保四海；苟不充之，不足以事父母。"

注释

❶ 乍：忽然间。孺子：小孩。

❷ 怵惕（chù tì）：恐惧。恻隐：同情，怜悯。

❸ 内交：结交。

❹ 要：博取。

❺ 端：发端。

❻ 自贼：自暴自弃。

❼ 然："燃"的本字。燃烧。

译文

孟子说："每个人都有同情他人的心。古代贤明的君主有同情他人的心，因此才会有同情百姓的政治。用同情他人的心，实行同情百姓的政治，治理天下就像摆弄手掌里的物件一样容易。之所以说'每个人都有同情他人的心'，就像现在人们猛然看到一个小孩儿将要掉到井中，每个人都会产生惊恐同情的心情一样，人们并非想要和这孩子的父母交朋友，也不是人们想在邻里乡间获得好名声，更不是人们厌恶小孩儿的哭喊声才这样的。由此来看，没有同情之心，就不算是个人；没有羞耻之心，就不算是个人；没有谦让之心，就不算是个人；没有是非之心，就不算是个人。同情之心，是仁的发端；羞耻之心，是义的发端；谦让之心，是礼的发端；是非之心，是智慧的发端。人们有这四个发端，就像人们有四肢一样。有这四个发端却自认为不能做到的，就是自暴自弃的人。认为他的君主不能做到的，就是祸害他的君主的人。凡是自己有这四个发端的，都知道扩大充实它们，就如同火开始燃烧，泉水开始冒出来一样。如果能够充实它们，便足以保有四海；如果不能充实它们，就连侍奉父母都做不到。”

矢人岂不仁于函人哉

孟子曰："矢人[1]岂不仁于函人哉？矢人惟恐不伤人，函人惟恐伤人。巫、匠[2]亦然。故术不可不慎也。孔子曰：'里仁[3]为美。择不处仁，焉得智？'夫仁，天之尊爵也，人之安宅也。莫之御[4]而不仁，是不智也。不仁不智，无礼无义，人役也。人役而耻为役，由[5]弓人而耻为弓，矢人而耻为矢也。如耻之，莫如为仁。仁者如射，射者正己而后发，发而不中，不怨胜己者，反求诸己而已矣。"

注释

1. 矢人：造箭的人。后文"函人"指造铠甲的人。
2. 巫：巫医。匠：造棺材的匠人。
3. 里仁：居住在有仁人的居里，即与仁人为邻。里，周代地方行政组织，二十五家为里。
4. 御：阻挡。
5. 由：通"犹"，就像。

译文

孟子说："制造箭的人难道比制造铠甲的人更不仁爱吗？制造弓箭的人唯恐制造的箭不能伤人，制造铠甲的人唯恐制造的铠甲让人受伤。巫医和造棺材的匠人也是一样的。因此，术的选择不可不慎重。孔子说：'与仁者做邻居是美好的。不选择与仁者共处，怎么能算是聪明呢？'仁是上天赐予的尊贵爵位，是人心灵安居的所在。没人阻挡你，你却不践行仁爱，这是不明智的。不仁不智，无礼无义，便会被人们奴役。被人奴役却自以为可耻，就好像造弓的以造弓为耻，造箭的以造箭为耻一样。如果以此为耻，不如去践行仁义。践行仁义的人就像比赛射箭一样，射箭的人端正了姿态然后开弓射箭，箭射出去而没有命中目标，他也并不埋怨胜过自己的人，反而会省察自己。"

隘与不恭君子不由也

孟子曰："伯夷，非其君不事，非其友不友。不立于恶人之朝，不与恶人言。立于恶人之朝，与恶人言，如以朝衣朝冠，坐于涂炭[1]。推恶恶之心，思与乡人立，其冠不正，望望然[2]去之，若将浼[3]焉。是故诸侯虽有善其辞命而至者，不受也。不受也者，是亦不屑就已。柳下惠[4]不羞污君[5]，不卑小官，进不隐贤，必以其道，遗佚[6]而不怨，厄[7]穷而不悯[8]。故曰：'尔为尔，我为我。虽袒裼裸裎[9]于我侧，尔焉能浼我哉！'故由由然[10]与之偕而不自失焉，援而止之而止。援而止之而止者，是亦不屑去已。"孟子曰："伯夷隘，柳下惠不恭。隘与不恭，君子不由[11]也。"

注释

❶ 涂炭：污泥炭灰。

❷ 望望然：扫兴的样子。

❸ 浼（měi）：污染。

❹ 柳下惠：鲁国大夫，姓展，名禽。

❺ 污君：德行有亏的君主。

❻ 遗佚：不被任用。

❼ 厄：穷困。

❽ 悯：忧愁。

❾ 袒裼（xī）裸裎（chéng）：赤身裸体。

❿ 由由然：愉快的样子。

⓫ 由：做，实行。

译文

孟子说："伯夷，不是他相中的君主就不会去侍奉他，不是他相中的朋友就不结交他。不站在有坏人的朝廷里，不与坏人说话。站在坏人的朝廷里，与坏人说话，就好像穿着朝服、戴着朝帽坐在污泥炭灰中一样。将这种厌恶坏人坏事的心推及出去，想到与一个帽子戴歪的乡下人站在一起，就会扫兴地离开他，好像就要玷污了自己一样。因此诸侯虽用好言好语来请他去做官，但他不接受。他不接受，是因为他不屑于接近他们。柳下惠，不以侍奉有污点的君主为羞耻，不以自己官职小而觉得卑下，出来做官不隐藏自己的才能，但一定坚守自己的原则，即使自己不被任用也不怨恨，即使自己穷困也不忧愁，因此他说：'你是你，我是我，即使你在我旁边赤身露体，你又怎能玷污我呢？'所以他面带愉快与他们相处，却不迷失自我，抓住他让他留下来，他就留下来。之所以抓住他让他留下来，他就留下，是因为他用不着离开。"孟子说："伯夷太狭隘，柳下惠太不恭敬。狭隘与不恭敬，都不为君子所取。"

孟子

公孙丑（下）

本篇共十四章，本书选录了其中的六个章节。在这些篇章中，主要记录了孟子关于以仁政治国方面的具体方法和手段。本篇的开头讲述了『天时』『地利』『人和』三者之间的关系，『得道者多助，失道者寡助』，而得道与否的关键就在于是否能得人心。

在这一篇中有大量内容是关于孟子离开齐国前后的情况的记录。孟子在齐国未受重用，最终离开了齐国，不过他对齐王能够施行仁政，始终保持着乐观自信，并认为自己是天命所归。『当今之世，舍我其谁』，表现出了他非凡的自信。这种超强的自信心，到了后世，对那些以天下为己任的读书人影响很大。

天时不如地利，地利不如人和

孟子曰：“天时不如地利，地利不如人和。三里之城，七里之郭[1]，环[2]而攻之而不胜。夫环而攻之，必有得天时者矣；然而不胜者，是天时不如地利也。城非不高也，池非不深也，兵革[3]非不坚利也，米粟非不多也，委[4]而去之，是地利不如人和也。故曰：域[5]民不以封疆之界，固国不以山谿之险，威天下不以兵革之利。得道者多助，失道者寡助。寡助之至，亲戚畔[6]之；多助之至，天下顺之。以天下之所顺，攻亲戚之所畔，故君子有不战，战必胜矣。”

注释

1. 郭：城是指内城，郭是指外城。
2. 环：包围。
3. 兵革：兵器与铠甲。
4. 委：放弃。
5. 域：界限，限制。
6. 畔：通“叛”。背叛，违背。

译文

孟子说："天时比不上地利，地利比不上人和。方圆三里的内城，七里的外城，敌军包围攻打它，却不能取胜。能包围了攻打它，必是得到天时了；然而没能取胜，是因为得到的天时比不上地利。一座城池，城墙不是不高，护城河不是不深，兵器盔甲不是不够锐利坚固，粮食不是不多，然而敌军一到就弃城而逃，这是因为得到地利比不上得到人和。所以说：限制人们不依靠国家的疆界，巩固国防不依靠山河的艰险，威慑天下不依靠兵器盔甲的锐利坚固。得到道义的，帮助他的人就多；失去道义的，帮助他的人就少。帮助他的人少到极致，连亲戚朋友都会背叛他；帮助他的人多到极致，天下的人都会顺从他。在天下都顺从的形势下去攻打连亲戚朋友都背叛的国家，因此君子不战则已，战则必胜。"

管仲且犹不可召，而况不为管仲者乎？

孟子将朝王[1]。王使人来曰：“寡人如就见[2]者也，有寒疾，不可以风。朝将视朝[3]，不识[4]可使寡人得见乎？”

对曰：“不幸而有疾，不能造[5]朝。”

明日，出吊于东郭氏。公孙丑曰：“昔者辞以病，今日吊，或者不可乎？”

曰：“昔者疾，今日愈，如之何不吊？”

王使人问疾，医来，孟仲子[6]对曰：“昔者有王命，有采薪之忧[7]，不能造朝。今病小愈，趋造于朝，我不识能至否乎？”

使数人要[8]于路，曰：“请必无归而造于朝。”

不得已而之景丑氏[9]宿焉。

景子曰：“内则父子，外则君臣，人之大伦也。父子主恩，君臣主敬。丑见王之敬子也，未见所以敬王也。”

曰："恶！是何言也！齐人无以仁义与王言者，岂以仁义为不美也？其心曰'是何足与言仁义也'云尔，则不敬莫大乎是。我非尧、舜之道，不敢以陈于王前，故齐人莫如我敬王也。"

景子曰："否，非此之谓也。《礼》曰：'父召，无诺[10]。''君命召，不俟[11]驾。'固将朝也，闻王命而遂不果，宜[12]与夫礼若不相似然。"

曰："岂谓是与？曾子曰：'晋、楚之富，不可及也。彼以其富，我以吾仁；彼以其爵，我以吾义。吾何慊[13]乎哉？'夫岂不义而曾子言之？是或一道也。天下有达尊三：爵一，齿[14]一，德一。朝廷莫如爵，乡党莫如齿，辅世长民莫如德。恶得有其一以慢其二哉？故将大有为之君，必有所不召之臣；欲有谋焉，则就之。其尊德乐道，不如是不足与有为也。故汤之于伊尹，学焉而后臣之，故不劳而王。桓公之于管仲，学焉而后臣之，故不劳而霸。今天下地丑德齐[15]，莫能相尚，无他，好臣其所教，而

不好臣其所受教。汤之于伊尹，桓公之于管仲，则不敢召。管仲且犹不可召，而况不为管仲者乎？”

注释

❶ 朝王：指朝见齐王。

❷ 如：宜，应当。就见：亲自拜见。

❸ 朝（zhāo）将视朝（cháo）：前一“朝”，指早晨。后一“朝”，意为朝廷，视朝即上朝。

❹ 识：知道。

❺ 造：到。

❻ 孟仲子：孟子的堂兄弟。

❼ 采薪之忧：患病的婉辞。

❽ 要：挡截。

❾ 景丑氏：景丑，齐国大夫。即下文的景子。

❿ 诺：应答声，相当现在的“嗯”。

⓫ 俟：等待。

⓬ 宜：大概。

⓭ 慊（qiǎn）：不满足，遗憾。

⓮ 齿：年龄。

⓯ 地丑德齐：地相等，德相同。喻指彼此条件一样。丑，同类。

译文

孟子准备去拜见齐王。刚好齐王派人来说：“我应该亲自来看您的，但是得了风寒，不能被风吹到。但是明天早晨我将上朝，不知您能到朝堂上和我相见吗？”

孟子回答说：“真的很不幸，我也生病了，恐怕明天不能去上朝了。”

第二天，孟子到东郭家里吊唁去了。公孙丑说：“昨天您刚刚借病推辞掉齐王的邀请，今天便出门凭吊，是不是有点儿不太合适呢？”

孟子说：“昨天生病了，今天痊愈了，怎么就不能去吊唁了呢？”

齐王派人来询问病情，医生也跟着来了，孟仲子回答说：“昨天齐王有命令，但先生生病了，不能到朝廷去。今天病情有些许好转，已经急急忙忙地上朝去了，但我不知道他能不能到达？”

孟仲子派了几个人到路上去拦截孟子，说：“一定不要回家，先到朝廷上去。”

孟子没有办法，便到景丑家去过夜。

景丑说：“在家父子关系，在外君臣关系，这是人世间最重要的关系。父子关系以慈爱为主，君臣关系以尊敬为主。我看到了齐王对您的尊敬，却没有看到您对齐王的尊敬。”

孟子说：“咦！这是什么话！齐人没有用仁义之道向齐王进言

的，难道他们认为仁义是不好的吗？他们的内心其实是这样想的：‘这样的国君，哪能和他谈论仁义呢？’这才是对齐王最大的不敬啊。反观我，不是尧、舜之道是不敢在齐王面前陈述的，所以齐人没有人能比我更尊敬齐王了。”

景丑说：“不，我不是这个意思。《礼》中说：‘父亲召唤，来不及答复就起身前去了。’‘君主下令召见，不等车马驾好就动身

了。’你本来准备拜见齐王的，结果听到王召见你，却又不去了，这大概和《礼》上说的不相符吧。”

孟子说：“难道你说的是这个吗？曾子说：‘晋国和楚国的财富，是不能相比的。他们有他们的财富，我有我的仁德；他们有他们的爵位，我有我的道义。我比他们少什么呢？’这些话如果不合乎道义，曾子会说吗？我想这其中应该有些道理吧。天下有三样东西是最尊贵的：一是爵位，一是年龄，一是道德。在朝廷上论的是爵位，在乡邻中论的是年龄，而辅佐君王统治人们当然以道德为最上。怎么能够凭着有爵位而怠慢我的年龄和道德呢？所以有作为的君王一定有不能随便召唤的臣子；如果有要事商量，就一定会亲自去拜访。他尊崇道德乐施仁政，如果不这样就不值得和他有所作为。所以商汤对于伊尹，先是向他学习，然后才请他为臣，因此不费力气便统一了天下。桓公对于管仲，先向他学习，然后以他为臣，所以没费多少力气就成就了霸业。现在天下各国土地差不多大，德行作风也不相上下，谁也不能完全超过谁，这没有别的原因，就是各国的君王喜欢任用那些听话的人作为臣子，而不喜欢那些可以教导他的人作为臣子。商汤对伊尹，桓公对管仲，就不敢随意召唤。管仲尚且不可以召唤，何况那些不屑于做管仲的人呢？”

焉有君子而可以货取乎？

陈臻[1]问曰："前日于齐，王馈兼金一百[2]而不受；于宋，馈七十镒而受；于薛[3]，馈五十镒而受。前日之不受是，则今日之受非也；今日之受是，则前日之不受非也。夫子必居一于此矣。"

孟子曰："皆是也。当在宋也，予将有远行。行者必以赆[4]，辞曰'馈赆'，予何为不受？当在薛也，予有戒心。辞曰：'闻戒，故为兵馈之。'予何为不受？若于齐，则未有处[5]也。无处而馈之，是货[6]之也。焉有君子而可以货取乎？"

注释

1. 陈臻（zhēn）：孟子的弟子。
2. 馈（kuì）：馈赠。兼金：价值倍于普通金的精金。一百：一百镒。一镒合二十四两。
3. 薛：地名。在今山东滕州东南。
4. 赆（jìn）：送行时赠送的财物。
5. 处：用途。
6. 货：动词，收买，贿赂。

译文

陈臻问道："以前在齐国，齐王送给您上好的金子一百镒，您却没有接受；后来在宋国的时候，宋王送给您七十镒，您却接受了；在薛地的时候，薛君送给您五十镒，您也接受了。如果以前的不接受是正确的，那么今天的接受便是错误的；如果今天的接受是正确的，那么以前的不接受便是错误的。不管哪种选择，您肯定犯了其中的一个错误。"

孟子回答说："接受与不接受都是正确的。在宋国的时候，我将要远行。对远行的人一定要送些盘缠，宋王与我辞别的时候说：'送给您一些盘缠吧。'我为什么不接受呢？在薛地的时候，听说路上有危险，我充满了戒备之心。薛君与我辞别时说：'听说路上需要加强戒备，所以给您一些盘缠，用来买兵器吧。'我为什么不接受呢？而在齐国，根本用不上什么钱。用不到钱却送我钱，明摆着是想收买我。哪有君子是可以用钱来收买的呢？"

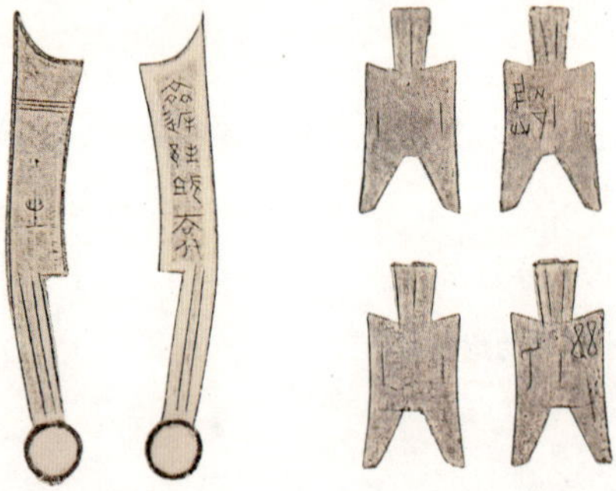

此则距心之罪也

孟子之平陆[1]，谓其大夫[2]曰：“子之持戟之士[3]，一日而三失伍[4]，则去[5]之否乎？”

曰：“不待三。”

“然则子之失伍也亦多矣，凶年饥岁，子之民老羸转于沟壑，壮者散而之四方者，几千人矣。”

曰：“此非距心[6]之所得为也。”

曰：“今有受人之牛羊而为之牧之者，则必为之求牧[7]与刍[8]矣。求牧与刍而不得，则反[9]诸其人乎？抑亦立而视其死与？”

曰：“此则距心之罪也。”

他日，见于王，曰：“王之为都[10]者，臣知五人焉。知其罪者，惟孔距心。”为王诵[11]之。

王曰：“此则寡人之罪也。”

注释

❶ 平陆：齐国边境邑名。在今山东汶上北。

❷ 大夫：这里指边境上的邑宰。

❸ 持戟之士：边防战士。

❹ 失伍：掉队。

❺ 去：开除。

❻ 距心：平陆邑宰。即下面的孔距心，距心是他的名。

❼ 牧：牧场。

❽ 刍：牧草。

❾ 反：送还，归还。后作“返”。

❿ 为都：治理都邑。

⓫ 诵：叙说，讲述。

译文

孟子到了平陆，对那里的县令距心说：“如果您手下戍守边境的战士，仅仅一天就掉队三次，那么您会开除他吗？”

距心说：“不用等三次我就会把他开除。”

孟子说：“那么您失职的地方也很多啊，灾荒之年，您的百姓，年老体弱的陈尸在沟壑之中，年轻力壮却四处逃荒的有将近千人。”

距心说：“这件事情并不是我距心能够办到的。”

孟子说：“现在有人接受了别人的牛羊来替他喂养，就必须要为牛羊去寻找牧场和牧草。如果找不到牧场和牧草，是将它们退还给主人呢，还是站在旁边看着它们饿死呢？”

距心说：“这就是我距心的罪过了。”

过了些日子，孟子拜见齐王，说：“大王手下治理都邑的官员中，我认识五个人。而能够知道自己罪过的，只有孔距心一个人。”于是孟子向齐王讲述了详细的情况。

齐王说：“这是我的罪过啊。”

周公之过，不亦宜乎！

燕人畔。王曰："吾甚惭于孟子。"

陈贾[1]曰："王无患焉。王自以为与周公孰仁且智？"

王曰："恶！是何言也！"

曰："周公使管叔监殷[2]，管叔以殷畔。知而使之，是不仁也；不知而使之，是不智也。仁、智，周公未之尽也，而况于王乎？贾请见而解之。"

见孟子，问曰："周公何人也？"

曰："古圣人也。"

曰："使管叔监殷，管叔以殷畔也。有诸？"

曰："然。"

曰："周公知其将畔而使之与？"

曰："不知也。"

“然则圣人且有过与？”

曰：“周公，弟也；管叔，兄也。周公之过，不亦宜乎！且古之君子，过则改之；今之君子，过则顺之。古之君子，其过也如日月之食[3]，民皆见之；及其更也，民皆仰之。今之君子，岂徒顺之？又从为之辞。”

注释

1. 陈贾：齐国大夫。
2. 管叔监殷：管叔，周武王的弟弟，周公的哥哥，被封在了管地。武王灭商后，周公派管叔监督投降的商代贵族。殷，殷商。
3. 食：日月亏蚀。后作“蚀”。

译文

燕国人反叛齐国。齐王说：“对于孟子，我感到很惭愧。”

陈贾说：“大王您不要难过了。在仁德、智慧方面，您与周公相比，您觉得谁更强一些呢？”

齐王说：“咦！这是什么话啊！”

陈贾说：“周公派遣管叔去监督殷商，管叔却带领殷人起来造反。如果周公能预见管叔造反却仍然派遣他，这就是不仁；如果没有预见而派遣他，这就是不智。仁、智，周公都不能完全做到，何

况大王您呢？臣请求见见孟子以求得到解释。”

陈贾见到了孟子，问道：“周公是怎样的一个人呢？”

孟子说：“古代的圣人。”

陈贾说：“周公派遣管叔监督殷人，管叔却带领他们起来造反，有这回事吗？”

孟子说：“有。”

陈贾问：“周公是事先知道他要反叛还派遣他的吗？”

孟子说：“周公事先不知道。”

陈贾说：“那么圣人也会犯错误吗？”

孟子说：“周公是弟弟，管叔是哥哥。周公的过错，不也是合乎常理的吗！（哪有弟弟怀疑哥哥的）况且古代的君子，有错就改；而现在的君子，却是将错就错。古代的君子，他们的过错，就像日食、月食一样，老百姓都能看得见；等到他改过自新的时候，百姓也都抬头仰望着。现在的君子，何止是将错就错？甚至还编造出一堆理由来为自己的错误辩护。”

当今之世，舍我其谁也？

孟子去齐，充虞[1]路问曰："夫子若有不豫[2]色然。前日虞闻诸夫子曰：'君子不怨天，不尤人。'[3]"

曰："彼一时，此一时也。五百年必有王者兴，其间必有名世者。由周而来，七百有余岁矣。以其数，则过矣；以其时考之，则可矣。夫天未欲平治天下也，如欲平治天下，当今之世，舍我其谁也？吾何为不豫哉？"

注释

❶ 充虞：孟子的弟子。

❷ 豫：愉快。

❸ 君子不怨天，不尤人：语出《论语·宪问》。君子不抱怨天，不责怪人。怨，埋怨。尤，责怪。

译文

孟子离开了齐国，充虞在路上问道："先生的脸色好像有点不高兴啊。以前我听您说过：'君子不怨恨天，不责怪人。'"

孟子说：“那时是一种情况，现在是另一种情况。每五百年必定有一个施行王道的君主出现，并且会有名世之才从中产生。从周朝开始，到现在已经有七百多年了。以年数而论，已经超过五百年了；从目前形势来看，明君贤臣现在也应该出现了。只是上天不想平定天下罢了，如果想平定天下，当今的世道，除了我还有谁能担此大任呢？我为什么会不高兴呢？”

孟子

滕文公（上）

本篇五章，本书选录了在思想上富有代表性的三个章节。其中主要记录了孟子与滕文公讨论治国理政，以及他与农家、墨家学派之间的相互论难。言语之间洋溢着巧妙的机锋，孟子的辩论往往能够循循善诱，远远地谈论似乎和议题无关的琐事，逐步将对方引入一种自相矛盾的尴尬境地，使对方的论点不攻自破。在这个过程中，他的引述和论证充满了比较和比喻。

其中他与农家的讨论最为激烈和精彩。农家学派许行认为『贤者与民并耕而食』，主张统治者应该自食其力，而不是高高在上。而孟子则认为社会上的分工是自然而然的事情，一个人不可能事必躬亲，他说：『或劳心，或劳力，劳心者治人，劳力者治于人；治于人者食人，治人者食于人，天下之通义也。』这种认识是比较能概括古代社会分工的真相的。

孟子道性善，言必称尧、舜

滕文公为世子[1]，将之[2]楚，过宋而见孟子。孟子道性善，言必称[3]尧、舜。

世子自楚反，复见孟子。孟子曰："世子疑吾言乎？夫道一而已矣。成覸[4]谓齐景公曰：'彼丈夫也，我丈夫也，吾何畏彼哉？'颜渊曰：'舜何？人也。予何？人也。有为者亦若是。'公明仪[5]曰：'文王我师也，周公岂欺我哉？'今滕绝长补短[6]，将五十里也，犹可以为善国。《书》曰：'若药不瞑眩，厥疾不瘳。'[7]"

注释

1. 世子：太子。
2. 之：到。
3. 称：谈及，称颂。
4. 成覸（jiàn）：齐国的勇者。
5. 公明仪：曾子的学生。
6. 绝长补短：从长的地方截下来补到短的地方去。意为测量国土。绝，截。

7 若药不瞑（míng）眩，厥疾不瘳（chōu）：出自《尚书》。如果用药后没有头晕目眩的反应，疾病就不能痊愈。瞑眩，头晕眼花。瘳，病愈。

译文

滕文公做太子的时候，要到楚国去，途经宋国的时候去见了孟子。孟子向他论述人性本善的道理，言语间不离尧、舜。

太子从楚国回来的时候，又一次见了孟子。孟子说：“太子对我的言语产生过怀疑吗？天下的真理只有一个啊。成瞷对齐景公说：‘他是一个男子汉，我也是一个男子汉，我为什么要怕他呢？’颜渊说：‘舜是什么？是一个人。我是什么？是一个人。有作为的人都应该像他那样。’公明仪说：‘文王，是我们学习的对象，周公这么说难道是欺骗我们的吗？’今天的滕国截长补短，测算下来将近方圆五十里，还可以治理成一个好国家。《书》上说：‘如果药不能让人头晕眼花，那疾病是不会痊愈的。’”

为富不仁矣，为仁不富矣

滕文公问为国。

孟子曰："民事不可缓也。《诗》曰：'昼尔于茅，宵尔索绹；亟其乘屋，其始播百谷。'[1]民之为道也，有恒产者有恒心，无恒产者无恒心。苟无恒心，放辟邪侈，无不为已。及陷乎罪，然后从而刑之，是罔民也。焉有仁人在位，罔民而可为也？是故贤君必恭俭礼下，取于民有制。阳虎[2]曰：'为富不仁矣，为仁不富矣。'"

注释

1. "昼尔于茅"四句：出自《诗·豳风·七月》。昼尔，白天。于，往。茅，割茅草。宵尔，晚上。索，搓。绹（táo），绳索。亟，急。承，修理。
2. 阳虎：鲁国执政大夫季孙氏的家臣，曾操纵鲁国政权。

译文

滕文公向孟子请教治理国家的事情。

孟子说："老百姓的事情不能耽误啊。《诗》上说：'白天割了茅草，晚上便要搓成绳子；抓紧修缮房屋，到了一定时节便要耕种粮食。’老百姓生活的规律，就是有固定产业的就会有一定的道德准则，没有固定产业的便不会有一定的道德准则。人们一旦没有了道德准则，就会胡作非为，什么事情都能做得出来。等到犯了罪，长官接着就会对其加以惩罚，这等于是陷害了老百姓啊。有仁德的君主怎么会在当政的时候做出陷害欺罔百姓的事呢？所以贤明的君主一定会有恭敬、节俭、礼贤下士的品质，收取赋税也会有一定的制度。阳虎说：‘要想获得巨大的财富就不能实施仁政，要想实施仁政就不可能获得巨大的财富。’”

劳心者治人，劳力者治于人

有为神农之言者许行[1]，自楚之滕，踵门[2]而告文公曰："远方之人，闻君行仁政，愿受一廛[3]而为氓[4]。"文公与之处。其徒数十人，皆衣褐[5]、捆屦[6]、织席以为食。

陈良之徒陈相与其弟辛，负耒耜[7]而自宋之滕，曰："闻君行圣人之政，是亦圣人也，愿为圣人氓。"

陈相见许行而大悦，尽弃其学而学焉。

陈相见孟子，道许行之言曰："滕君则诚贤君也，虽然，未闻道也。贤者与民并耕而食，饔飧[8]而治。今也滕有仓廪府库，则是厉民[9]而以自养也，恶得贤？"

孟子曰："许子必种粟而后食乎？"

曰："然。"

"许子必织布而后衣乎？"

曰："否。许子衣褐。"

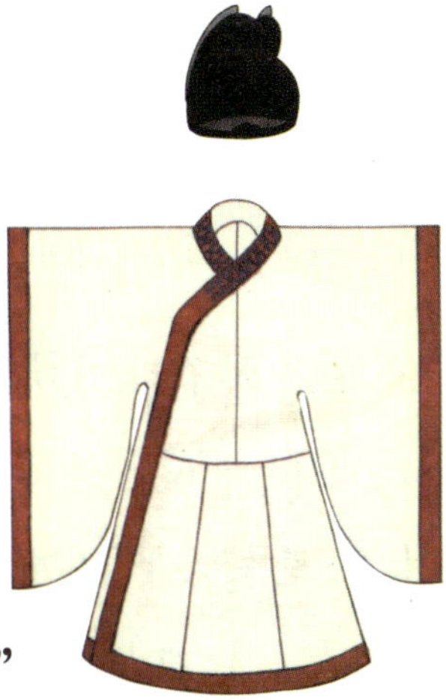

“许子冠乎？”

曰：“冠。”

曰：“奚冠？”

曰：“冠素[10]。”

曰：“自织之与？”

曰：“否。以粟易[11]之。”

曰：“许子奚为不自织？”

曰：“害[12]于耕。”

曰：“许子以釜甑爨[13]，以铁[14]耕乎？”

曰：“然。”

“自为之与？”

曰：“否。以粟易之。”

“以粟易械器者，不为厉陶冶[15]；陶冶亦以其械器易粟者，岂为厉农夫哉？且许子何不为陶冶，舍[16]

皆取诸其宫中[17]而用之？何为纷纷然与百工交易？何许子之不惮烦？”

曰：“百工之事，固不可耕且为也。”

“然则治天下独可耕且为与？有大人之事，有小人之事[18]。且一人之身，而百工之所为备，如必自为而后用之，是率天下而路[19]也。故曰：或劳心，或劳力，劳心者治人，劳力者治于人；治于人者食人，治人者食于人，天下之通义也。

“当尧之时，天下犹未平，洪水横流，氾滥[20]于天下，草木畅茂，禽兽繁殖，五谷不登[21]，禽兽偪[22]人，兽蹄鸟迹之道交于中国。尧独忧之，举舜而敷治[23]焉。舜使益掌火[24]，益烈山泽而焚之，禽兽逃匿。禹疏九河，瀹济、漯而注诸海[25]，决汝、汉[26]，排淮、泗而注之江[27]，然后中国可得而食也。当是时也，禹八年于外，三过其门而不入，虽欲耕，得乎？

“后稷教民稼穑[28]，树艺五谷，五谷熟而民人育。人之有道也，饱食、暖衣、逸居而无教，则近于禽兽。

圣人有忧之，使契为司徒[29]，教以人伦：父子有亲，君臣有义，夫妇有别，长幼有叙[30]，朋友有信。放勋[31]曰：‘劳之来之，匡之直之，辅之翼之，使自得之，又从而振德之。’[32]圣人之忧民如此，而暇耕乎？

“尧以不得舜为己忧，舜以不得禹、皋陶[33]为己忧。夫以百亩之不易[34]为己忧者，农夫也。分人以财谓之惠，教人以善谓之忠，为天下得人者谓之仁。是故以天下与人易，为天下得人难。孔子曰：‘大哉尧之为君！惟天为大，惟尧则之。荡荡乎民无能名[35]焉！君哉舜也！巍巍乎有天下而不与焉！’尧、舜之治天下，岂无所用其心哉？亦不用于耕耳。

“吾闻用夏变夷[36]者，未闻变于夷者也。陈良，楚产[37]也，悦周公、仲尼之道，北学于中国。北方之学者，未能或之先也。彼所谓豪杰之士也。子之兄弟事之数十年，师死而遂倍[38]之。昔者孔子没[39]，三年之外[40]，门人治任[41]将归，入揖于子贡，相向[42]而哭，皆失声，然后归。子贡反，筑室于场，独居三年，然后归。他日，子夏、子张、子游以有若似圣人，欲以所事孔子事之，强曾子。曾子曰：‘不可。江汉以濯[43]之，秋阳以暴[44]之，皜皜[45]乎不可尚[46]已。’今也南蛮鴃舌[47]之人，非先王之道，子倍子之师而学之，亦异于曾子矣。吾闻出于幽谷迁于乔木[48]者，未闻下乔木而入于幽谷者。《鲁颂》曰：‘戎狄是膺[49]，荆舒是惩[50]。’周公方且膺之，子是之学，亦为不善变矣。

“从许子之道，则市贾[51]不贰，国中无伪，虽使五尺之童[52]适市，莫之或欺。布帛长短同，则贾相若[53]；麻缕丝絮轻重同，则贾相若；五谷多寡同，则贾相若；屦大小同，则贾相若。”

曰：“夫物之不齐，物之情也，或相倍蓰[54]，或相什百，或相千万。子比而同之，是乱天下也。巨屦小屦同贾，人岂为之哉？从许子之道，相率而为伪者也，恶能治国家？”

注释

1 为：践行。神农：传说中的人物，三皇之一，农家学说奉他为祖师。许行：生平无考。

❷ 踵门：登门拜访。

❸ 廛（chán）：古代平民在城中一家房屋所占的土地。

❹ 氓：从他处迁来的百姓。

❺ 衣（yì）褐：穿着粗布衣服。

❻ 捆屦（jù）：编织草鞋。

❼ 耒耜（lěi sì）：古代用于耕种的农具。

❽ 饔飧（yōng sūn）：早饭叫饔，晚餐叫飧。这里是自己做饭的意思。

❾ 厉民：虐待人民。

❿ 素：未染色的白色布帛。

⓫ 易：交换。

⓬ 害：妨害。

⓭ 以釜（fǔ）甑（zèng）爨（cuàn）：用釜和甑烧火做饭。釜，用于蒸煮的锅。甑，蒸食的炊具。爨，烧火煮饭。

⓮ 铁：铁制农具。

⓯ 陶冶：指制陶和冶炼金属的工匠。

⓰ 舍：舍弃。

⓱ 宫中：家中。

⓲ 有大人之事，有小人之事：大人之事，这里指君王、士大夫等统治阶层的职责。小人之事，指农、工、商等被统治阶层的职责。

⓳ 路：一说路即“露”，衰败；疲敝。

⓴ 氾滥：即“泛滥”。水漫溢。

㉑ 不登：歉收。

㉒ 偪（bī）：逼迫，威胁。

㉓ 敷治：治理。

㉔ 舜使益掌火：舜命臣子益主管用火。益，舜的臣子。掌火，主管用火。

㉕ 瀹（yuè）济、漯（tà）而注诸海：将济河、漯河的水引流向大海。瀹，疏通。济、漯，水名。

㉖ 决汝、汉：开掘汝、汉两河。决，疏通水道。汝、汉，水名。

㉗ 排淮、泗水注之江：疏浚淮水、泗水，将其引入长江。排，疏导。淮、泗，均为水名。江，指长江。

㉘ 稼穑（sè）：耕种和收获。这里泛指农业劳动。

㉙ 使契为司徒：派遣契担任司徒。契（xiè），殷商的祖先。司徒，官名。

㉚ 叙：次序。

㉛ 放勋：帝尧的名。

㉜ 劳之来之，匡之直之，辅之翼之，使自得之，又从而振德之：劝勉他们，匡正他们，帮助他们，让他们各得其所，然后加以提携和教诲。劳、来，劝勉。匡、直，匡正。辅、翼，辅佐。振德，施恩。

㉝ 皋陶（gāo yáo）：舜时掌管刑法的官员。

㉞ 易：整治。

㉟ 无能名：无法形容。

㊱ 夏：指当时文化发达的中原地区。变：同化。夷：这里指当时非中原的部落和民族。

㊲ 产：出生。

㊳ 倍：通“背”，背叛。

㊴ 没：去世。

㊵ 三年之外：三年之后。

㊶ 治任：整理行装。

㊷ 相向：面对面。

㊸ 濯：洗。

㊹ 暴（pù）：晒。后作“曝”。

㊺ 皜皜（hào）：洁白。

㊻ 尚：超过，胜过。

㊼ 鴃（jué）舌：语言难懂。鴃，伯劳鸟。

㊽ 出于幽谷迁于乔木：出自《诗·小雅·伐木》。鸟飞出幽深的山谷，飞向高大的乔木。幽谷喻指卑下境界，乔木喻指崇高的境界。

㊾ 膺：征伐，打击。

㊿ 惩：惩罚。

51 贾：“价”的古字。价格。

52 五尺之童：儿童。

53 相若：相当。

54 蓰（xǐ）：五倍。

译文

有一位研究神农氏学说的人，叫作许行，他从楚国到了滕国，登门拜访了滕文公，说：“我从很远的地方而来，听说您实行仁政，希望能够领受一处房宅而成为您的子民。”滕文公便给了他一处房宅。许行有几十个弟子，都穿着粗布衣服，靠编织草鞋、凉席为生。

陈良的弟子陈相和他弟弟陈辛，扛着农具从宋国来到滕国，对

滕文公说："听说您实行圣人的政治，那您也是圣人了，我们愿意成为您的子民。"

陈相见了许行非常高兴，便把以前所学的全部抛弃了，转而向许行学习。

陈相见到孟子，转述许行的话说："滕文公确实是个贤明的君主，虽然如此，他仍然不懂得真正的道义。贤明的君主应该和百姓一块儿耕作来获取食物，自己做饭吃同时又能治理好国家。而现在，滕国有粮仓、钱库，这是通过剥削百姓来供养自己啊，怎么能算是贤明呢？"

孟子问："许子一定要自己耕种庄稼然后才吃饭吗？"

陈相说："是这样的。"

孟子问："许子一定要自己织布然后才穿衣服吗？"

陈相说："不是。许子穿粗麻编织的衣服。"

孟子问："许子戴帽子吗？"

陈相说："戴。"

孟子说："戴什么样的帽子？"

陈相说："白绢织成的帽子。"

孟子问："是许子自己织的绢吗？"

陈相说："不是，是用粮食换来的。"

孟子问："许子为什么不自己织呢？"

陈相说："怕耽误了耕作。"

孟子问：“许子也用金属的炊具瓦罐做饭，用铁制的农具耕田吗？”

陈相说：“是这样的。”

“都是许子自己做的吗？”

陈相说：“不是，也是用粮食换来的。”

孟子说：“用粮食交换炊具、瓦罐的人，不算是欺压工匠；工匠拿自己的产品去交换粮食，难道就是欺压农民了吗？而且许子为什么不亲自做工匠，那样的话任何东西都可以从家中取来用了，为什么还要和各种工匠做交易呢？为什么许子这样不怕麻烦呢？”

陈相说：“各种工匠的活儿本来就不是可以一边耕作一边做得了的。”

孟子说：“既然这样，那么治理天下的事倒单单可以一边耕作一边做得了吗？有君王的工作，有百姓的工作。况且一个人要生存，是要各种工匠的劳作才能备齐他所用的东西的，如果一切东西都要亲自制作才能用的话，这是领着天下人疲于奔命啊。所以说：有的人劳心，有的人劳力，劳心的人统治人，劳力的人被人统治；被人统治的人养活别人，统治别人的人则被人养活，这是天下通行的道理啊。

“当尧的时候，天下还没有平定，洪水肆虐，到处泛滥，草木茂盛，鸟兽繁衍，粮食却没有收成，禽兽威胁人类，到处都有它们的足迹。尧为此独自忧虑，把舜提拔出来实施治理。舜选派益出任掌火的官职，益在山野沼泽之地燃起大火进行焚烧，飞禽走兽四散逃匿。大禹又疏通了九河，将济水、漯水引流至大海，开掘汝、汉两河，疏浚淮河、泗河，将其引入长江，然后中原地区才可以耕种生存。那个时候，大禹已经在外奔走八年了，三次路过家门都没有回家，即使他想亲自种田，可能吗？

“后稷教导百姓播种收获，种植谷物，待五谷成熟了，就可以养育百姓了。但人之所以为人，如果光是吃饱、穿暖、住得舒适而没有教养，就和禽兽没有区别了。圣人对此深有忧虑，便派遣契担任司徒，将人际关系的道理及准则教给百姓：父子之间要有骨肉之亲，君臣之间要有忠义之道，夫妻之间要有内外之别，长幼之间要有尊卑之序，朋友之间要有诚信之德。尧说：‘督促他们，纠正他们，帮助他们，让他们各得其所，然后再加以提携和教诲。’圣人为老百姓操心到这种程度，还有空闲时间种田吗？

“尧因为得不到舜这样的人才而担忧，舜因为得不到大禹、皋陶这样的人才而担忧。为了百亩的田地没有耕作好而担忧的是农夫。把钱财分给别人是恩惠，把为善的道理教给别人是忠义，为天下百姓找到好的人才是仁德。所以把天下让给别人很容易做到，为了天下谋得人才却很难做到。孔子说：‘尧作为君王真是伟大啊！只有天最伟大，只有尧能效法它。尧的德行这么广大，百姓都不知用什么来形容！舜是个好君王啊！崇高伟大啊！拥有天下却不用来享用！’尧、舜对天下的治理，难道就没有用心吗？只是不把它用在耕作上罢了。

“我只听说过中原去改变蛮夷的，没有听过中原被蛮夷改变的。陈良是在楚地出生的人，喜欢周公、孔子的学说，北上中原求学。北方的学者没有一个能超过他的，可以称得上是豪杰之士了。你们兄弟向他学习了几十年，老师一去世就背叛了他。孔子去世的时候，门徒们守丧三年之后才开始收拾行李回家，进子贡住处作揖告别，相对而哭，泣不成声，然后才离去。子贡又回到墓地，在墓场上筑造房屋，独自居住了三年才回家。有一天，子夏、子张、子游因为有若看上去像孔子，便想要像侍奉孔子一样侍奉有若，强迫曾子答应。曾子说：‘不可以这样。老师的品行智慧就像在江汉的水里洗涤过，在秋天的骄阳下曝晒过，其洁白无瑕的样子是无以复加的。’现在许行这个说话怪里怪气的人，非议先王之道，你们却背叛自己的老师去向他学习，真是与曾子截然不同啊。我只听说过鸟儿飞离幽暗的山沟，飞到高大的树木上的，没有听到从高大的树木上飞离，而到幽暗的山沟里去的。《鲁颂》中说：‘攻打戎狄，严惩荆舒。’周公还要攻打他们，你们却向他们学习，这真是越变越坏啊。”

（陈相说：）“如果遵从许子的学说，市场上物品的价格就能统一，全国就不会有欺伪了，即便是小孩子到了市场上，也不会有人欺骗他。布匹丝绸长短相同，价格就一样；麻线丝绵轻重相同，价格也一样；粮食分量相同，价格也一样；鞋子大小相同，价格也

一样。”

孟子说：“物品之间存在价格差别是在情理之中的，所以它们的价值有的相差一倍、五倍，有的相差十倍、百倍，有的甚至相差千倍、万倍。你要把它们整齐划一，这是要扰乱天下啊。大鞋子、小鞋子都一个价钱，难道还有人肯做鞋子吗？跟从许子的学说，是率领天下的人都去做虚伪的人，怎么能治理好国家呢？”

孟子

滕文公（下）

在本篇中，孟子谈到了为官之道与他的历史观。本篇凡十章，本书选录了其中的八个章节。

在孟子眼中，利和义是不能两全的。他坚决反对那种为了得到更多利益而做出一时让步的行为，即他所说的『枉尺而直寻』，因为这样就不是把『义』当作最终的目的，而是将『利』看作目标了。

孟子不认为那种『一怒而诸侯惧，安居而天下熄』是所谓『大丈夫』的，他把『大丈夫』描述为『富贵不能淫，贫贱不能移，威武不能屈』。这一生动的描绘，为后世树立了一个真正伟岸的人格形象，激励了一代又一代的人。

孟子对历史的认识是『天下之生久矣，一治一乱』，在他看来，历史的发展正是这种治乱循环的运动。而发展的关键就在于每五百年便有圣人出世，是他出来收拾残局，为发展找到新契机。

富贵不能淫，贫贱不能移，威武不能屈

景春[1]曰：“公孙衍、张仪[2]岂不诚大丈夫哉？一怒而诸侯惧，安居而天下熄[3]。”

孟子曰：“是焉得为大丈夫乎？子未学礼乎？丈夫之冠[4]也，父命之。女子之嫁也，母命之，往送之门，戒[5]之曰：‘往之女[6]家，必敬必戒，无违夫子！’以顺为正者，妾妇之道也。居天下之广居，立天下之正位，行天下之大道。得志，与民由之，不得志，独行其道。富贵不能淫[7]，贫贱不能移[8]，威武不能屈[9]，此之谓大丈夫。”

注释

1. 景春：当时的纵横家。
2. 公孙衍：魏国人，纵横家。张仪：魏国人，当时著名的纵横家，主张合纵，促使秦国强大。
3. 熄：战事停息。
4. 冠：古代男子二十岁便要举行加冠礼。

⑤ 戒：告诫。

⑥ 女：你。

⑦ 淫：迷惑。

⑧ 移：变节。

⑨ 屈：屈服。

译文

景春说："公孙衍、张仪难道不是真正的大丈夫吗？发起怒来诸侯恐惧，安居下来天下太平。"

孟子说："这样哪里算得上是大丈夫呢？你没有学过礼吗？男子行加冠礼时，父亲要告诫他。女子出嫁的时候，母亲要告诫她，送到门口，劝诫她说：'到了夫家，一定要恭敬，一定要谨慎，不要违背丈夫的意志。'把顺从当作最高的准则，是做妻妾的道理。大丈夫处在天下广大的居所中，站在天下的正位上，畅行天下的大道。他得志时就与百姓一同践行大道，不得志时就独自践行大道。富贵不能使他动心，贫贱不能使他变节，威逼不能使他屈服，这才是真正的大丈夫啊。"

子何尊梓匠轮舆而轻为仁义者哉?

彭更[1]问曰:“后车[2]数十乘,从者数百人,以传食[3]于诸侯,不以泰[4]乎?”

孟子曰:“非其道,则一箪食[5]不可受于人;如其道,则舜受尧之天下不以为泰。子以为泰乎?”

曰:“否,士无事[6]而食,不可也。”

曰:“子不通功易事[7],以羡[8]补不足,则农有余粟,女有余布;子如通之,则梓匠[9]轮舆皆得食于子。于此有人焉,入则孝,出则悌,守先王之道,以待后之学者,而不得食于子,子何尊梓匠轮舆而轻为仁义者哉?”

曰:“梓匠轮舆,其志将以求食也;君子之为道也,其志亦将以求食与?”

曰:“子何以其志为哉?其有功于子,可食而食之矣。且子食志[10]乎?食功[11]乎?”

曰:“食志。”

曰："有人于此，毁瓦画墁[12]，其志将以求食也，则子食之乎？"

曰："否。"

曰："然则子非食志也，食功也。"

注释

1 彭更：孟子弟子。

2 后车：跟从的车子。

3 传食：辗转受人供养。

4 泰：过分。

5 一箪（dān）食：一竹筐饭。

6 无事：无所事事。

7 通功易事：各行业间互通有无。

8 羡：有余。

9 梓匠：梓人，造器具；匠人，造建筑。轮舆：轮人和舆人，造车匠。

10 食志：根据动机给饭吃。

11 食功：根据功劳给饭吃。

12 画墁（màn）：在墙壁上乱涂乱画。

译文

彭更问："几十辆车子在后面跟随着，几百人在后面跟从着，从这个国家吃到那个国家，不是太过分了吗？"

孟子说："如果是不合情理的，即便是一筐饭也不能接受；如果是合乎情理的，那么舜接受了尧的天下也不算过分。你以为过分吗？"

彭更说："不是这个意思，读书人不做事情，只是白白地领俸禄，是不可以的啊。"

孟子说："你不让各行业的产品互相交换、互通有无，那么农民就会有多余的粮食，妇女就会有多余的布匹；如果各行业能够互通有无，那么木工、车匠就都能从你这里得到吃的。假定有一个人，在家孝顺父母，在外尊敬兄长，恪守古代圣王的道义，并以此培养教导后辈，却不能从你这里得到报酬，你为什么只看重木工、车匠却轻视施行仁义的人呢？"

彭更说："木工、车匠，他们的目的是获得报酬；君子施行仁义，他们的目的也是得到报酬吗？"

孟子说："你为什么要管他们的目的呢？他们对你有功绩，可以给他们报酬的，就给他们。你要凭目的给他们报酬呢，还是凭功绩呢？"

彭更说："凭目的。"

孟子说："那假如这里有个人毁坏房屋并在墙上乱画，但他的目的也是得到报酬，那么你也要给他报酬吗？"

彭更说："不给。"

孟子说："既然这样那么您就不是根据目的给报酬，而是凭功绩了。"

杀伐用张，于汤有光

万章[1]问曰："宋，小国也，今将行王政，齐楚恶[2]而伐之，则如之何？"

孟子曰："汤居亳[3]，与葛为邻，葛伯放而不祀。汤使人问之曰：'何为不祀？'曰：'无以供牺牲也。'汤使遗之牛羊。葛伯食之，又不以祀。汤又使人问之曰：'何为不祀？'曰：'无以供粢盛[4]也。'汤使亳众往为之耕，老弱馈[5]食。葛伯率其民，要[6]其有酒食黍稻者夺之，不授者杀之。有童子以黍肉饷[7]，杀而夺之。《书》曰'葛伯仇饷'，此之谓也。为其杀是童子而征[8]之，四海之内皆曰：'非富天下也[9]，为匹夫匹妇复仇也。'汤始征，自葛载[10]，十一征而无敌于天下。东面而征，西夷怨；南面而征，北狄怨，曰：'奚为后我？'民之望之，若大旱之望雨也。归市者弗止，芸者不变，诛其君，吊其民，如时雨降，民大悦。《书》曰：'徯我后，后来其无罚！''有攸不惟臣[11]，东征，绥厥士女[12]，匪厥玄黄[13]，

绍[14]我周王见休[15]，惟臣附于大邑周[16]。’其君子实玄黄于匪以迎其君子，其小人箪食壶浆以迎其小人。救民于水火之中，取其残[17]而已矣。《太誓》曰：‘我武惟扬，侵于之疆，则取于残，杀伐用张[18]，于汤有光[19]。’不行王政云尔，苟行王政，四海之内皆举首而望之，欲以为君。齐楚虽大，何畏焉？”

注释

[1] 万章：孟子的弟子。

[2] 恶：厌恶，憎恨。

[3] 亳（bó）：在今河南商丘。

[4] 粢盛（zī chéng）：放在祭器中以供祭祀的谷米。

[5] 馈：馈赠。

[6] 要：拦截。

[7] 饷：送食物给人。

[8] 征：征讨，这里指汤征讨葛。

[9] 非富天下也：不是因为贪图天下的财富。

[10] 载：开始。

[11] 有攸不惟臣：有个攸国不愿臣服。

[12] 东征，绥厥士女：向东征讨，安抚他们的民众。绥，安抚。厥，代词，他们。士女，男女。

⑬ 匪厥玄黄：民众把彩色的帛装进筐里。匪，筐类竹器，后作“篚”。玄黄，彩色丝帛。

⑭ 绍：继承。

⑮ 休：美好。

⑯ 大邑周：对周的尊称。

⑰ 取其残：去除残暴的君主。

⑱ 张：伸张，张大。

⑲ 有光：更加辉煌。

译文

万章询问孟子道：“宋是一个小国家，现在将要实行称王天下的仁政，齐国、楚国因此厌恶宋国，想要讨伐它，怎么办呢？”

孟子说：“商汤住在亳，和葛国比邻，葛伯为人放纵无度，不进行祭祀。商汤便派人问葛伯：‘为什么不祭祀呢？’葛伯说：‘没有可供祭祀用的牛羊啊。’商汤便派人给葛伯送去了牛羊。葛伯把送来的牛羊给吃了，仍然不祭祀。商汤再次派人问他：‘为什么不祭祀呢？’葛伯说：‘没有可供祭祀的谷物。’商汤又派亳地的老百姓为葛伯耕田，年老体弱的人给耕田的送饭。葛伯却率领他的民众去拦截、掠夺那些带着酒食的人，不给的就杀掉。有个小孩儿因为送米饭酒肉，竟被杀了，并夺去了他送的米饭酒肉。《书》上说‘葛伯仇恨送饭食的人’，说的就是这件事情。商汤就是因为葛伯杀了这个小孩儿才去征讨他，普天下的人都说：‘商汤征讨葛伯不是为了贪图天下的财富，而是为了给老百姓报仇。’商汤的征讨便是从葛地开始的，总共出征了十一次，从而无敌于天下。商汤向东方征讨，西方的民族就要埋怨；向南方征战，北方的民族就要不满意，说：‘为什么要把我们排在后面？’老百姓盼望商汤就像在干旱的天气里盼望下雨一样。做生意的商人照常做生意，耕地的农民照常耕地，商汤只是杀掉那些残暴的君王。抚慰那里的百姓，商汤的到来就像是一场及时雨降临，老百姓都欢呼雀跃。《书》上说：‘等待我

们的君王，他来了以后我们就不会再吃苦了！’‘有一个攸国不愿意臣服，周王便向东征讨，安抚那里的民众，民众把黑色、黄色的绸缎装在竹筐里，以能迎接周王为荣，都愿意向周国称臣。’当官的拿箩筐装满了黑色、黄色的绸缎来迎接周朝的官员，民众用竹筒装着饭、用壶装着酒来迎接周国的将士。把民众从水深火热中解救出来，只是杀掉那里残暴的君王罢了。《太誓》上说：‘发扬我们的威武，征讨他们的国土，杀掉那里残暴的君王来宣扬道义，这比商汤的大业更加辉煌。’不施行称王天下的仁政也就罢了，如果施行，普天下的民众都会翘首盼望，想让他成为自己的君主。齐国、楚国虽然强大，又有什么可怕的呢？”

一薛居州，独如宋王何？

孟子谓戴不胜曰[1]：“子欲子之王之善与？我明告子。有楚大夫于此，欲其子之齐语[2]也，则使齐人傅[3]诸，使楚人傅诸？”

曰：“使齐人傅之。”

曰：“一齐人傅之，众楚人咻[4]之，虽日挞[5]而求其齐也，不可得矣；引而置之庄岳[6]之间数年，虽日挞而求其楚，亦不可得矣。子谓薛居州[7]，善士也，使之居于王所。在于王所者，长幼卑尊皆薛居州也，王谁与为不善？在王所者，长幼卑尊皆非薛居州也，王谁与为善？一薛居州，独如宋王何？”

注释

1 戴不胜：宋国臣子。

2 齐语：齐国话。

3 傅：辅导。

4 咻（xiū）：喧哗。

5 挞：责打。

6 庄岳：战国时齐国都城临淄城内的街里名。

7 薛居州：宋国臣子。

译文

孟子对戴不胜说："你想要你的君王向善吗？我明明白白地告诉你吧。有一个楚国的大夫在这里，想要他的儿子学说齐国话，你说是让齐国的人教他呢，还是让楚国的人教他呢？"

戴不胜回答："让齐国人教他。"

孟子说："一个齐国人来教他，众多的楚国人在一旁喧哗，即使每天责打他要他说齐国话，那也是做不到的；让他在齐国的街市上居住几年，即使每天责打要他说楚国话，也是很难做到的。你说薛居州是个好官，要让他待在君王身边。如果待在君王身边的人，无论老幼尊卑都是像薛居州那样的好人，那君王对谁去做坏事呢？如果待在君王身边的人，无论老幼尊卑都不是薛居州那样的好人，那君王又对谁去做好事？一个薛居州，能将宋王怎么样呢？"

如知其非义，斯速已矣，何待来年？

戴盈之[1]曰："什一[2]，去[3]关市之征，今兹[4]未能，请轻之，以待来年，然后已，何如？"

孟子曰："今有人日攘[5]其邻之鸡者，或告之曰：'是非君子之道。'曰：'请损[6]之，月攘一鸡，以待来年，然后已。'如知其非义，斯速已矣，何待来年？"

注释

1. 戴盈之：宋国大夫。
2. 什一：什一税，一种低税率。
3. 去：去除。
4. 今兹：今年。
5. 攘：偷盗。
6. 损：减少。

译文

戴盈之说："税率十分抽一，免除关卡和市集的税赋，今年还办不到，先减轻一些，等到明年然后再实行，怎么样？"

孟子说："现在有个人，每天偷邻居家的鸡，有人告诉他说：

‘这不是君子的行为。’他说：‘我先少偷些，（由每天偷一只鸡）改为一个月偷一只鸡，等到明年再完全不偷。’如果知道所做的事情不是正义的，就应当尽快地改正，为什么还要等到明年呢？”

岂好辩哉？予不得已也

公都子[1]曰："外人皆称夫子好辩，敢问何也？"

孟子曰："予岂好辩哉？予不得已也。天下之生久矣，一治一乱。当尧之时，水逆行，氾滥于中国，蛇龙居之，民无所定。下者为巢，上者为营窟[2]。《书》曰：'洚水[3]警余。'洚水者，洪水也。使禹治之，禹掘地而注之海，驱蛇龙而放之菹[4]，水由地中行，江、淮、河、汉是也。险阻既远，鸟兽之害人者消，然后人得平土而居之。

"尧、舜既没，圣人之道衰，暴君代作[5]，坏宫室以为污池[6]，民无所安息；弃田以为园囿，使民不得衣食。邪说暴行又作，园囿、污池、沛泽[7]多而禽兽至。及纣之身，天下又大乱。周公相[8]武王诛纣伐奄，三年讨其君，驱飞廉[9]于海隅而戮之，灭国者五十，驱虎、豹、犀、象而远之，天下大悦。《书》曰：'丕显哉，文王谟！丕承哉，武王烈！佑启我后人，咸以正

无缺。’[10]

“世衰道微，邪说暴行有作，臣弑其君者有之，子弑其父者有之。孔子惧，作《春秋》。《春秋》，天子之事也。是故孔子曰：‘知我者其惟《春秋》乎！罪我者其惟《春秋》乎！’

“圣王不作，诸侯放恣[11]，处士[12]横议，杨朱、墨翟之言盈天下。天下之言，不归杨，则归墨。杨氏为我，是无君[13]也；墨氏兼爱，是无父[14]也。无父无君，是禽兽也。公明仪曰：‘庖有肥肉，厩有肥马，民有饥色，野有饿莩，此率兽而食人也。’杨墨之道不息，孔子之道不著，是邪说诬民，充塞[15]仁义也。仁义充塞，则率兽食人，人将相食。吾为此惧，闲[16]先圣之道，距[17]杨墨，放[18]淫辞，邪说者不得作。作于其心，害于其事；作于其事，害于其政。圣人复起，不易吾言矣。

“昔者禹抑洪水而天下平，周公兼夷狄、驱猛兽而百姓宁，孔子成《春秋》而乱臣贼子惧。《诗》云：‘戎狄是膺，荆舒是惩，则莫我敢承[19]。’无父无君，是周公所膺也。我亦欲正人心，息邪说，距诐行[20]，放淫辞，

以承三圣者。岂好辩哉？予不得已也。能言距杨墨者，圣人之徒也。”

注释

❶ 公都子：孟子的弟子。

❷ 营窟：掘地或累土而成的住所。

❸ 洚（jiàng）水：洪水。

❹ 菹（jù）：水草丛生的沼泽地。

❺ 代作：代有兴起。作，兴起。

❻ 污池：深池。

❼ 沛泽：沼泽。

❽ 相：辅助。

❾ 飞廉：谄谀纣的臣子。海隅：海滨。

❿ “丕显哉”六句：出自《尚书·君牙》。丕，大。显，显明。谟，策略。承，继承。烈，功绩。佑，帮助。启，启发。咸，都。正无缺，正确而无缺点。

⓫ 恣：放纵。

⓬ 处士：隐居不仕的士人。横议：恣意议论。

⓭ 无君：杨朱提倡“为我”“贵生”，主张看重个人的生命，孟子批评他“无君”，即眼中没有君主。

⓮ 无父：墨翟提倡“兼爱”，对天下的人，爱是没有差别的，孟子批评他“无父”，即没有了亲疏远近的区别。

⓯ 充塞：阻塞。

⑯ 闲：捍卫，保卫。

⑰ 距：抗拒，抵御。

⑱ 放：贬斥。

⑲ 承：抵御。

⑳ 诐（bì）行：偏邪不正的行为。

译文

公都子说：“外面的人都说您喜欢辩论，请问您为什么喜欢辩论呢？”

孟子说：“我难道是喜欢辩论吗？我是没有办法啊。天下已经形成很久了，总是一时太平、一时动乱。尧在位的时候，洪水倒流，在中原大地上泛滥，龙蛇在大地上肆意居住，老百姓却没有安定的住所。低洼处的人在树上筑巢，高处的人则挖凿洞穴。《书》上说：‘冲出河道的洪水让我们警惕。’冲出河道的水就是洪水。于是，尧便派大禹治理洪水，大禹疏通河道把水引入大海，把龙蛇驱赶到沼泽地里，江水沿着河道流淌，长江、淮河、黄河、汉水便形成了。危险已被解除，害人的禽兽也被消灭了，之后，人们才得以在平原上安居下来。

“尧、舜死后，圣人之道便衰微了，暴君代有兴起，他们把宫殿毁了用来修筑水池，使老百姓没有安息的地方；把农田舍弃用来修建园林，使老百姓得不到衣服、饮食。荒谬的言论、凶恶的行为又兴盛起来，园林、水池、沼泽多了起来，害人的禽兽也随之而来。到了商纣的时候，天下又大乱了。周公辅佐武王诛杀了商纣，讨伐了奄国，三年诛杀了奄国的君主，把飞廉赶到遥远的海边然后把他处死了，总共消灭了五十个国家，把老虎、豹子、犀牛、大象驱赶到远方，天下的民众都欢呼雀跃。《书》上说：‘多么的显著啊，文王的谋略！继承得多么好啊，武王的功绩！帮助启发了我们的后人，使大家都能端正自己而没有缺憾。’

“世道衰微，邪说暴行又起来了，有大臣杀掉自己君主的，有儿子杀自己父亲的。孔子为此感到十分忧虑，于是写成了《春秋》。《春秋》记载的是天子的事情。所以孔子说：‘了解我的，只有通过《春秋》这部书吧；怪罪我的，也只有通过《春秋》这部书吧。’

“没有圣人出现，诸侯就会放纵，一些读书人私下里就会胡乱评论，杨朱、墨翟的言论充斥天下。天下的言论不是归杨朱学派的，就是归墨翟学派的。杨朱学派提倡‘为我’，是眼中没有君主；墨翟主张‘兼爱’，是眼中没有父亲。不把君主和父亲放在眼里，简直就是禽兽。公明仪说：‘厨房里有肥肉，马厩里有肥马，老百姓却面带饥色，荒野上饿殍遍地，这是率领着野兽来吃人啊。’杨朱、墨翟的学说不停息，孔子的主张就不能得到发扬，这是荒谬的言论蒙蔽了百姓，堵塞了仁义。仁义得不到宣扬，相当于率领着野兽吃人，人们也将会互相残害吞食。对此我感到非常忧虑，所以才竭力捍卫圣人的学说，抵制杨朱和墨翟的言论，排斥邪恶的说法，使持有荒谬言论的人不能兴风作浪。荒谬的言论一旦从心底滋生，就会危害工作；工作受到危害，就会危害到政治。即使圣人再次重生，也会同意我的这些言论的。

“以前大禹治理洪水，使天下获得太平，周公兼并了夷狄，驱逐了猛兽，从而使百姓获得安宁，孔子写成了《春秋》，而使得乱臣贼子感到恐惧。《诗》上说：‘攻打戎狄，惩罚荆舒，没有人敢于制止我。’目无君主和父亲，是周公要奋力攻击的。我也想要端正人心，平息荒谬的言论，抵制邪僻的行为，驳斥邪恶的言辞，从而继承大禹、周公、孔子三位圣人的衣钵。难道是我喜欢辩论吗？我是没有办法啊。能用言语反对杨朱、墨翟的人，才是圣人的继承者啊。”

充仲子之操，则蚓而后可者也

匡章[1]曰："陈仲子[2]岂不诚廉士哉？居於陵[3]，三日不食，耳无闻，目无见也。井上有李，螬[4]食实者过半矣，匍匐往将[5]食之，三咽，然后耳有闻，目有见。"

孟子曰："于齐国之士，吾必以仲子为巨擘[6]焉。虽然，仲子恶能廉？充[7]仲子之操，则蚓而后可者也。夫蚓，上食槁壤，下饮黄泉。仲子所居之室，伯夷之所筑与，抑亦盗跖[8]之所筑与？所食之粟，伯夷之所树与，抑亦盗跖之所树与？是未可知也。"

曰："是何伤哉？彼身织屦，妻辟纑[9]，以易之也。"

曰："仲子，齐之世家也。兄戴，盖禄万钟，以兄之禄为不义之禄而不食也，以兄之室为不义之室而不居也，辟[10]兄离母，处于於陵。他日归，则有馈其兄生鹅者，己频顣[11]曰：'恶用是鶃鶃[12]者为哉？'他日，其母杀是鹅也，与之食之。其兄自外至，曰：'是鶃鶃之肉也。'出而哇[13]之。以母则不食，以妻则食之；以兄之室则弗居，

以於陵则居之，是尚为能充其类也乎？若仲子者，蚓而后充其操者也。”

注释

❶ 匡章：齐国将领。

❷ 陈仲子：齐国高士。

❸ 於陵：地名。在今山东邹平市南。

❹ 螬（cáo）：蛴（qí）螬，金龟子的幼虫。

❺ 将：拿起。

❻ 巨擘（bò）：大拇指，喻指杰出的人物。

❼ 充：实行，这里是贯彻的意思。

❽ 盗跖（zhí）：春秋时期著名的大盗。

❾ 辟纑（lú）：织麻与练麻，这里指治麻之事。

❿ 辟：避开，回避。后作“避”。

⓫ 频顣（pín cù）：同“颦蹙”，愁眉苦脸的样子。

⓬ 鶃鶃（yì）：鹅的叫声。

⓭ 哇：呕吐。

译文

匡章说：“陈仲子难道不是真正的廉洁之士吗？他住在於陵，三天没有吃过东西，耳朵听不见了，眼睛也看不见了。井边上有个李子，已经被金龟子吃掉一大半了，他便爬过去拿着吃了，咬了三口

后，耳朵才有了听觉，眼睛才能看得见。”

孟子说：“在齐国的读书人中，我肯定将陈仲子看作人品第一的人物。即使这样，仲子怎么能就叫作廉洁呢？要想完全做到仲子的操守，只有变成蚯蚓之后才能做得到。蚯蚓在地面上就吃干土，在地下便喝泉水。仲子居住的地方，是伯夷造的还是盗跖造的？他所吃的粮食，是伯夷种的还是盗跖种的？这是不能知道的。”

匡章说：“这有什么关系呢？他自己编鞋子，妻子绩麻练麻，用来交换生活物品。”

孟子说：“仲子是齐国的世家大族。他的哥哥陈戴，在封地有万石的俸禄，他认为哥哥的俸禄是不义之财，所以不去享用；认为哥哥的住处是不仁义的住处，所以不去居住；躲避兄长，远离母亲，住在於陵。有一天仲子回家，有人送给他哥哥一只鹅，他皱着眉头说：‘要这种喔喔叫的东西做什么呢？’过了些日子，他母亲把这只鹅杀了，与他一块儿吃了。他哥哥从外面回来，对仲子说：‘这就是那个喔喔叫的东西的肉。’仲子忙跑出门，全部呕吐了出来。因为是母亲做的就不吃，因为是妻子做的就吃；因为是兄长的住所就不住，因为是於陵就住下来，这是能够推广的廉洁的典范吗？像仲子这样的，只有变成蚯蚓后才能完全做到他的操守。”

孟子

离娄（上）

本篇有二十八章，多为长短不一的语录，主要谈论了修身、平天下与践行仁政和孝道等问题。本篇选录了十一个章节。

早在孔子时便提出了君子『修己以敬』『修己以安人』『修己以安百姓』（见《论语·宪问》），这种由己及人的修身思想，到了孟子时，这种思想便更加具体化了。他说：『天下之本在国，国之本在家，家之本在身。』这些都与《中庸》里的修身、齐家、治国、平天下的思想是一脉相承的。这种把个人的道德修养上升到事关家族、国家、天下兴衰的高度的思想对中国文化影响至深。

在孟子看来，修身的成功与否首先在于一个『诚』字，他认为『诚身有道，不明乎善，不诚其身矣』。只有自己返归到一种诚心的状态，人身上的善端才能够得到健康的发展。而由自身推及出去的第一步，就是处理好自身所处家庭与家族之中的人际关系，即恪守孝道，孟子认为：『人人亲其亲，长其长，而天下平。』

离娄之明

孟子曰："离娄之明、公输子之巧[1]，不以规矩[2]，不能成方员；师旷[3]之聪，不以六律，不能正五音；尧、舜之道，不以仁政，不能平治天下。今有仁心仁闻[4]而民不被其泽，不可法于后世者，不行先王之道也。故曰：徒[5]善不足以为政，徒法不能以自行。《诗》云：'不愆不忘，率由旧章。'[6]遵先王之法而过者，未之有也。圣人既竭目力焉，继之以规矩准绳，以为方员平直，不可胜用[7]也；既竭耳力焉，继之以六律正五音，不可胜用也；既竭心思焉，继之以不忍人之政，而仁覆天下矣。故曰，为高必因[8]丘陵，为下必因川泽，为政不因先王之道，可谓智乎？是以惟仁者宜在高位。不仁而在高位，是播其恶于众也。上无道揆[9]也，下无法守也，朝[10]不信道，工不信度，君子犯义，小人犯刑，国之所存者幸[11]也。故曰，城郭不完[12]，兵甲不多，非国之灾也；田野不辟[13]，货财不聚，非国之害也。上无礼，下无学，贼民兴，丧无日[14]矣。《诗》云：

‘天之方蹶，无然泄泄。’[15]泄泄犹沓沓[16]也。事君无义，进退无礼，言则非先王之道者，犹沓沓也。故曰，责难于君谓之恭，陈善闭[17]邪谓之敬，吾君不能谓之贼。”

注释

① 离娄之明，公输子之巧：离娄那样的目力，公输般那样的技巧。离娄，传说黄帝时视力极好的一个人。公输子，春秋末年一个手艺极好的工匠，又称鲁班。

② 规矩：规，画圆的工具。矩，画方的工具。

③ 师旷：春秋时的著名乐师。

④ 仁心：仁爱之心。仁闻（wèn）：践行仁爱的声誉；闻，名望。

⑤ 徒：仅仅。

⑥ 不愆（qiān）不忘，率由旧章：语出《诗·大雅·假乐》。愆，错误。率由，遵循。

⑦ 不可胜用：难以用尽。

⑧ 因：凭借。

⑨ 揆（kuí）：度量。

⑩ 朝：朝廷。

⑪ 幸：侥幸。

⑫ 完：修筑，修缮。

⑬ 辟：开辟。

⑭ 无日：为时不久。

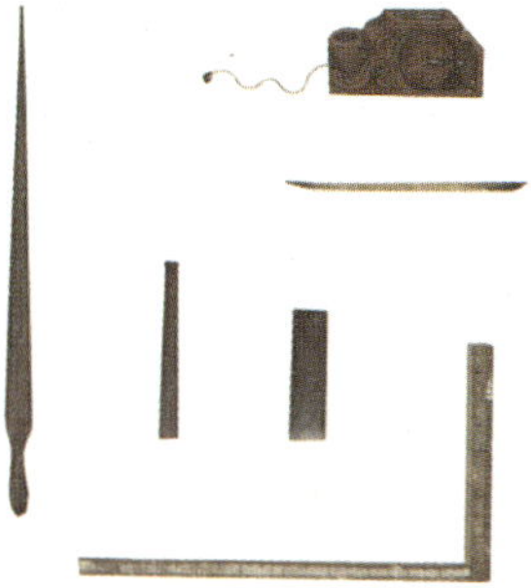

⑮ 天之方蹶（guì），无然泄泄（yì）：语出《诗·大雅·板》。蹶，动，颠覆。泄泄，多言的样子。

⑯ 沓沓：同“泄泄”，话多的样子。

⑰ 闭：杜绝。

译文

孟子说：“即使是离娄那样的目力、公输般那样的技巧，若不依靠规矩，也很难画出方与圆；即使是师旷那样灵敏的耳朵，若不依靠六律，也难校准五音；即使是尧、舜之道，若不依仁政的标准，也不能治理好天下。现在虽有仁爱之心、仁爱之声，百姓却不能获得恩泽，也不能为后世所效法，这是因为他们不去实行先王之道的缘故。因此，只有好的存心不足以推行仁政，只有法令法规也不能让仁政自动推行。《诗》上说：‘不犯错不忘却，一切遵照旧有的章法。’遵照先王的法度而犯错的，从来没有过。圣人在这上面竭尽了目力，再加上规矩尺度的助力，画方、圆、平、直便用之不尽了；竭尽耳力，再加上六律的辅助，校正五音就用之不尽了；竭尽心思，再加上推行怜悯体恤他人的仁政，仁义就能遍布天下了。因此，筑高一定要凭依丘陵，挖深一定要凭依川泽，施政不凭依先王之道，能说是智慧的吗？所以，只有仁者该在高位之上。不仁的人处在高位，就会向民众散播他的恶行。在上位的没有依循的道德，在下位的不守法规，朝廷不信仰道义，工匠不信守尺度，贵族违反道义，百姓违反刑法，国家还能存在就太侥幸了。因此说，城墙工事不完备，武器装备不充足，不是国家的灾难；田野不开辟、钱财不积蓄，不是国家的祸害。（可如果）在上位的不讲礼法，在下位的不求学习上进，为非作歹的人便会兴起，那国家灭亡的日子就快来了。《诗》中说：‘上天就要颠覆他，不要聒噪了。’聒噪就是饶舌。侍奉君主不讲忠义，进退无礼，开口就诋毁先王之道，就是饶舌。因此，责难君主才叫‘恭敬’，宣扬善道屏斥邪说才叫‘敬重’，认为君主无能才叫作‘贼害’。”

恶醉而强酒

孟子曰：“三代[1]之得天下也以仁，其失天下也以不仁。国[2]之所以废兴存亡者亦然。天子不仁，不保四海；诸侯不仁，不保社稷[3]；卿大夫不仁，不保宗庙[4]；士庶人不仁，不保四体。今恶死亡而乐不仁，是犹恶醉而强酒。”

注释

1 三代：指夏、商、周三代。

2 国：这里指诸侯国。

3 社稷：土地神与谷神。这里代指国家政权。

4 宗庙：指诸侯祭祀祖先的祖庙，这里代指卿大夫的采邑。

译文

孟子说：“夏、商、周三代能够得到天下，凭借的是仁爱，它们失了天下也是因为不仁爱了。国家之所以兴盛、衰亡、生存、没落也正因为此。如果天子不仁爱，就不能保有四海；诸侯不仁爱，就不能保住国家社稷；卿大夫不仁爱，就不能保存宗庙领地；士人、平民不仁爱，就不能保全自身。现在的人害怕死却以不仁爱为乐，就像那些厌恶喝醉而强灌酒的人。”

反求诸己

孟子曰：“爱人不亲，反[1]其仁；治人不治，反其智[2]；礼人不答，反其敬。行有不得者皆反求诸己，其身正而天下归之。《诗》云：‘永言配命，自求多福。’[3]”

注释

[1] 反：反省。

[2] 智：明智。

[3] 永言配命，自求多福：语出《诗·大雅·文王》。言，语助词。配命，配合天命。

译文

孟子说：“关爱他人，他人却不因此亲近我，就要反省自己是否付出了足够的关爱；治理百姓，百姓却没有被治理好，就要反省自己是否明智；礼遇他人却不被理会，就要反省自己是否心存敬意。行事没达到目标就应从自己身上找原因，自身行为符合正道，天下人才会归附。《诗》上说：‘永遵天命，自求多福。’”

不仁者可与言哉？

孟子曰：“不仁者可与言哉？安其危而利其菑[1]，乐[2]其所以亡者。不仁而可与言，则何亡国败家之有？有孺子歌[3]曰：‘沧浪之水清兮，可以濯[4]我缨[5]；沧浪之水浊兮，可以濯我足。’孔子曰：‘小子听之！清斯濯缨，浊斯濯足矣，自取之也。’夫人必自侮，然后人侮之；家必自毁，而后人毁之；国必自伐，而后人伐之。《太甲》曰：‘天作孽，犹可违；自作孽，不可活。’此之谓也。”

注释

1. 菑（zāi）：通“灾”，灾难。
2. 乐：以……为乐。
3. 孺子歌：当时流传的一首民歌。
4. 濯：洗涤。
5. 缨：帽带。

译文

孟子说："（对于）不仁爱的人，可以与他讲理吗？（不仁爱的人）以危害为安全，以灾祸为有利，他们沉迷其中，最终导致自身灭亡。不仁爱的人可以与他讲理，那他怎么还会亡国败家呢？有小孩子唱的歌说：'沧浪的水清澈时，可以洗我的帽缨；沧浪的水浑浊时，可以洗我的脚。'孔子说：'弟子们听着！水清时洗帽缨，水浊时洗脚，这是浊水所决定的。'人必是自己侮辱了自己，别人才会去侮辱他；家必是有自毁的事，别人才会去毁坏它；国家必是有自相攻伐的事，别国才会去讨伐它。《太甲》上说：'上天降下的灾祸，还能避开，自造的灾祸就没法逃脱了。'说的就是这种情况吧。"

失其民者，失其心也

孟子曰："桀纣之失天下也，失其民也；失其民者，失其心也。得天下有道，得其民，斯[1]得天下矣；得其民有道，得其心，斯得民矣；得其心有道，所欲与之聚[2]之，所恶勿施，尔也[3]。民之归仁也，犹水之就下、兽之走圹[4]也。故为渊驱鱼者，獭[5]也；为丛驱爵[6]者，鹯[7]也；为汤武驱民者，桀与纣也。今天下之君有好仁者，则诸侯皆为之驱矣。虽欲无王，不可得已。今之欲王者，犹七年之病求三年之艾[8]也。苟为不畜[9]，终身不得。苟不志于仁，终身忧辱，以陷于死亡。《诗》云：'其何能淑，载胥及溺。'[10]此之谓也。"

注释

1 斯：如此。

2 聚：积蓄。

3 尔也：如此而已。

4 圹（kuàng）：旷野。

5 獭（tǎ）：水獭，爱吃鱼。

❻ 爵：通“雀”，小鸟。

❼ 鹯（zhān）：一种猛禽，吃鸟雀。

❽ 三年之艾：干了三年的艾草。

❾ 畜（xù）：积蓄。

❿ 其何能淑，载胥及溺：语出《诗·大雅·桑柔》。这（状况）怎么能好转，（如不能）大家将一起陷入困境。淑，善。载，语气助词，无实义。胥，都，皆。

译文

孟子说：“桀、纣之所以失掉天下，是因为他们失掉了百姓；之所以失掉百姓，是因为他们失掉了百姓的心。获得天下是有方法的，获得民众，就能取得天下；获得民众是有方法的，获得民众的心，就能获得民众；获得民众的心是有方法的，他们想要的就给他们，为他们积聚起来，他们所厌恶的便不施行，如此而已。民众归附于讲仁爱的国家，就像水往低处流，野兽奔向旷野一样。因此，为深潭赶来鱼的是水獭，为丛林赶来鸟雀的是鹯，为成汤、武王赶来老百姓的是夏桀和商纣。如果现在天下有喜欢仁德的君王，那么诸侯们就会为他赶来老百姓。他即使不想称王，也不可能了。现今想要称王的人，就好像是生了七年的病去寻求干了三年的艾草。如果不主动积蓄，这辈子也别想得到。如果不以施行仁政为志向，终其一生都会忧虑困辱，甚至陷入死亡的境地。《诗》上说：‘他们怎能相好，只会相互牵扯着溺水。’说的就是这种情况吧。”

自暴自弃

孟子曰：“自暴[1]者，不可与有言也；自弃者，不可与有为也。言非[2]礼义，谓之自暴也；吾身不能居仁由义[3]，谓之自弃也。仁，人之安宅也；义，人之正路也。旷[4]安宅而弗居，舍正路而不由，哀哉！”

注释

1. 暴：损害；糟蹋。
2. 非：诋毁。
3. 居仁由义：基于仁爱，遵循道义。
4. 旷：闲置，空置。

译文

孟子说：“对那种糟蹋自己的人，不能和他讲什么道理；对那种放弃自我的人，不可能跟他有所作为。讲一些非礼无义的事，就叫作自我损害；自身不能基于仁爱遵循道义，叫作自我放弃。仁，是人安定下来的住处；义，是人正当的谋生渠道。空着安定的住处不住，舍弃正确的道路不走，太可悲了啊！”

率土地而食人肉，罪不容于死

孟子曰："求也为季氏宰[1]，无能改于其德，而赋粟[2]倍他日。孔子曰：'求非我徒也，小子鸣鼓而攻之可也。'由此观之，君不行仁政而富之，皆弃于孔子者也，况于为之强战？争地以战，杀人盈野；争城以战，杀人盈城，此所谓率土地而食人肉，罪不容于死。故善战者服上刑[3]，连[4]诸侯者次之，辟草莱、任土地[5]者次之。"

注释

1 求：冉求，字子有，孔子弟子。宰：家臣。

2 赋粟：征收田赋。

3 上刑：重刑。

4 连：联合。

5 辟草莱：开辟土地。任土地：分配土地。

译文

孟子说："冉求做季氏的家臣，不能改变季氏的德行，反而收取的赋税比从前翻了倍。孔子说：'冉求不是我的徒弟了，你们可以大张旗鼓地攻击他。’由此看来，君王不行仁政而谋求财富的，都被孔子所唾弃，更何况为了富贵而强力发动战争的呢？为了争夺土地而发动战争，杀死的人堆满了田野；为了争夺城池而发动战争，杀死的人堆满城池，这就是所谓为了争夺土地而吃人肉，这种罪过就是死也不足以宽恕他。因此，喜欢战争的人应该受最重的刑罚，联结诸侯的人受其次的刑罚，开垦荒地、分配土地的受再次一等的刑罚。”

存乎人者莫良于眸子

孟子曰："存[1]乎人者，莫良于眸子[2]。眸子不能掩其恶。胸中正，则眸子瞭焉；胸中不正，则眸子眊[3]焉。听其言也，观其眸子，人焉廋[4]哉？"

注释

1 存：观察。

2 眸子：瞳仁，这里指眼睛。

3 眊（mào）：模糊。

4 廋（sōu）：隐藏。

译文

孟子说："观察人没有比观察人的眼睛更好的了。眼睛不能掩饰人的恶行。胸怀正直，眼睛就会明亮；胸中不正，眼睛就会灰暗。听一个人说了什么话，观察他的眼睛，这个人的善恶哪里还能隐藏得了呢？"

男女授受不亲

淳于髡[1]曰："男女授受[2]不亲，礼与？"

孟子曰："礼也。"

曰："嫂溺，则援[3]之以手乎？"

曰："嫂溺不援，是豺狼也。男女授受不亲，礼也；嫂溺，援之以手者，权[4]也。"

曰："今天下溺矣，夫子之不援，何也？"

曰："天下溺，援之以道；嫂溺，援之以手，子欲手援天下乎？"

注释

1. 淳于髡（kūn）：齐国辩士。
2. 授：伸手给东西。受：伸手接东西。
3. 援：援救，拉扯。
4. 权：权变。

译文

淳于髡问："男女之间不亲手递接东西，这符合礼的要求吗？"

孟子答道："符合礼。"

淳于髡问："嫂子溺水了，要伸手去救吗？"

孟子答道："嫂子溺水不救，那就是豺狼的行为。男女之间不亲手递接东西，是礼的要求；嫂子溺水，伸手救助，是权宜之计。"

淳于髡问："现在天下都溺水了，先生不援助，这是为什么呢？"

孟子答道："天下溺水，要用道义去援救；嫂子溺水，要用手去援助，您想用手来援助天下吗？"

不虞之誉，有求全之毁

孟子曰："有不虞[1]之誉，有求全之毁。"

注释

① 虞：预料。

译文

孟子说："有预想不到的荣誉，有苛求完美的诋毁。"

人之易其言

孟子曰："人之易[1]其言也，无责[2]耳矣。"

注释

1 易：轻率，轻易。

2 责：责备，责罚。

译文

孟子说："人说话轻率，就不值得责备了。"

孟子曰："人之患[1]在好为人师。"

1 患：毛病，弊病。

译文

孟子说："人们的毛病在于喜欢做别人的老师。"

孟子

离娄（下）

本篇三十三章，多为孟子的语录，涉及君臣关系的论辩、人际交往中的言行训诫、学问修行的心得体会等，本篇选取了十六章。

相比于后世学者僵化的『愚忠』思想，在君臣关系的论辩中，孟子提出了『君臣有义』的观点。他认为：『君之视臣如手足，则臣视君如腹心；君之视臣如犬马，则臣视君如国人；君之视臣如土芥，则臣视君如寇雠。』这种颇具理想色彩的君臣关系的观点，在封建时代无疑是极为大胆的创见，后世有骨气的臣子们也正是以这个标准来寄希望于君王的。

另外，本篇中的『言不必信，行不必果，惟义所在』的观点，也体现了孟子思维的灵活多变。本篇中的『逢蒙学射于羿』『齐人有一妻一妾』两个寓言故事，也发人深省。

视臣如手足章

孟子告齐宣王曰："君之视[1]臣如手足，则臣视君如腹心；君之视臣如犬马，则臣视君如国人[2]；君之视臣如土芥[3]，则臣视君如寇雠[4]。"

王曰："礼，为旧君有服，何如斯可为服矣？"

曰："谏[5]行言听，膏泽下于民；有故而去，则君使人导之出疆，又先于其所往[6]；去三年不反，然后收其田里。此之谓三有礼焉。如此，则为之服矣。今也为臣，谏则不行，言则不听；膏泽不下于民；有故而去，则君搏执之[7]，又极[8]之于其所往；去之日，遂收其田里。此之谓寇雠。寇雠，何服之有？"

注释

1 视：看待。

2 国人：陌路之人。

3 土芥：尘土杂草。

4 寇雠（chóu）：贼寇仇人。

5 谏：劝谏。

6 先于其所往：事先派人到他所去的地方安排好。

7 搏执：逮捕扣押。

8 极：使……困窘。

译文

孟子告诉齐宣王说："君王看待臣下如同手足，那么臣下看待君王就如同心腹；君王看待臣下如同犬马，那么臣下看待君王就如同陌生人；君王看待臣下如同尘土小草，那么臣下看待君王就如同仇敌。"

齐宣王问："礼仪规定，臣下要为过去侍奉过的君王服丧，君王要怎么做臣下才肯为他服丧呢？"

孟子答道："臣子的进谏能够施行，进言能够听从，恩泽惠及老百姓；臣子因故离国，君王要派人引导他出境，并事先派人到他所去的地方安排好；离国三年还没有回来，才收了他的土地和住所。这叫作'三有礼'。这样，臣下才会为他服丧。现在做臣子的，进谏不施行，进言不听从；恩泽不能惠及老百姓；臣下因故离国，君主便派人押解他，并派人到他去的地方为难他；他离开的当天，君王便收回他的土地和住所。这便是（对付）仇敌（的做法了）。对于仇敌，又要服什么丧呢？"

有不为

孟子曰："人有不为也，而后可以有为。"

译文

孟子说："人要有所不为，然后才会有所作为。"

言人之不善

孟子曰："言人之不善，当如后患何？"

译文

孟子说："说别人的坏话，以后祸患来了该怎么办呢？"

不为已甚

孟子曰："仲尼不为已甚者。"

译文

孟子说："孔子不做过分的事。"

惟义所在

孟子曰："大人者，言不必信，行不必果，惟义所在。"

译文

孟子说："德才超群的人，说话不一定信守，做事不一定有结果，只要追求道义，就可以了。"

赤子之心

孟子曰："大人者，不失其赤子之心者也。"

译文

孟子说："德才超群的人，是不失去纯洁善良之心的人。"

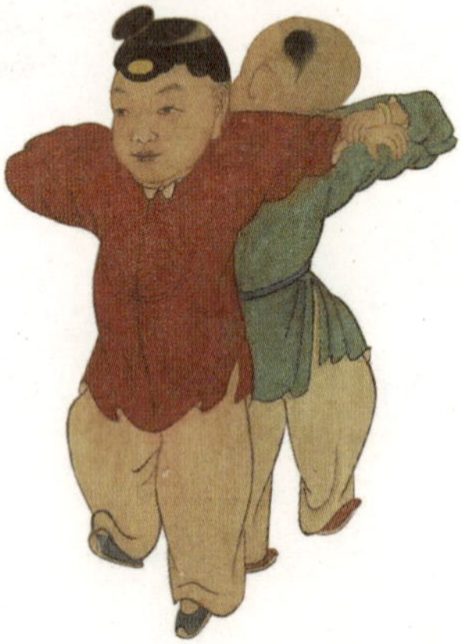

深造之以道

孟子曰："君子深造之以道，欲其自得之也。自得之，则居之安；居之安，则资[1]之深；资之深，则取之左右逢其原[2]。故君子欲其自得之也。"

注释

[1] 资：借助。

[2] 原：水源，源头。后作"源"。

译文

孟子说："君子用大道来深造自己，是想自己心有所得。自己心有所得，便会牢固地坚守它；牢固地坚守它，就能深入地依靠它；深入地依靠它，运用时就能左右逢源。所以君子想自己心有所得。"

博学详说

孟子曰："博学而详说之，将以反说约也。"

译文

孟子说："广博地学习并详细叙述，是为了能用简单的话来说明其中的道理。"

以善养人

孟子曰："以善服人者，未有能服人者也；以善养人，然后能服天下。天下不心服而王者，未之有也。"

译文

孟子说："用'善'使他人服从的，没有能让人折服的；以'善'来教育人，这样才能使天下人归服。天下人不心服而能称王天下的，是从来没有过的事。"

仲尼亟称于水

徐子[1]曰："仲尼亟[2]称于水，曰：'水哉，水哉！'何取于水也？"

孟子曰："原泉混混[3]，不舍昼夜，盈科[4]而后进，放乎四海。有本者如是，是之取尔。苟为无本，七八月之间雨集，沟浍[5]皆盈，其涸也，可立而待也。故声闻过情[6]，君子耻之。"

注释

1 徐子：徐辟，孟子的弟子。

2 亟（qì）：多次。称：称赞。

3 混（gǔn）混：即"滚滚"，水流不止的样子。

4 科：坎；坑。

5 浍（kuài）：田间排水的小沟。

6 声闻：名声。情：实情。

译文

徐子问："孔子多次称赞水，说：'水啊，水啊！'水有什么可取

之处呢？”

孟子说：“水由源泉滚滚而出，日夜不停，把坑洼的地方充满了才奔流向前，流向四海。有源头的事物就像这样，这就是水的可取之处。如果没有源头，七八月的阵雨纷集而来，沟渠水道都充满了，可干涸的日子很快便会来到。因此声名大过了实情，君子以之为耻辱。”

异于禽兽者几希

孟子曰：“人之所以异于禽兽者几希，庶民去之，君子存之。舜明于庶物，察于人伦，由仁义行，非行仁义也。”

译文

孟子说：“人不同于禽兽的地方很少，一般人把这种不同除去了，君子则将它们保存了下来。舜明了万物，观察人伦，遵循仁义行事，而非勉强践行‘仁义’的行为。”

逢蒙学射于羿

逢蒙学射于羿[1]，尽羿之道，思天下惟羿为愈[2]己，于是杀羿。孟子曰："是亦羿有罪焉。"

公明仪曰："宜若[3]无罪焉。"

曰："薄[4]乎云尔，恶得无罪？郑人使子濯孺子[5]侵卫，卫使庾公之斯[6]追之。子濯孺子曰：'今日我疾作[7]，不可以执弓，吾死矣夫！'问其仆[8]曰：'追我者谁也？'其仆曰：'庾公之斯也。'曰：'吾生矣。'其仆曰：'庾公之斯，卫之善射者也，夫子曰吾生，何谓也？'曰：'庾公之斯学射于尹公之他[9]，尹公之他学射于我。夫尹公之他，端人[10]也，其取友必端矣。'庾公之斯至，曰：'夫子何为不执弓？'曰：'今日我疾作，不可以执弓。'曰：'小人学射于尹公之他，尹公之他学射于夫子。我不忍以夫子之道反害夫子。虽然，今日之事，君事也，我不敢废。'抽矢[11]，叩[12]轮，去其金[13]，发乘矢[14]而后反。"

注释

❶ 逄（páng）蒙学射与羿：逄蒙向羿学习射术。逄蒙，羿的学生。羿，有穷国国君，擅长射箭。

❷ 愈：超过。

❸ 宜若：好像。

❹ 薄：轻。

❺ 子濯孺子：郑国大夫。

❻ 庾公之斯：卫国大夫。

❼ 疾作：疾病发作。

❽ 仆：这里指负责驾车的仆从。

❾ 尹公之他：卫国神箭手。

❿ 端人：品行端正的人。

⓫ 矢：箭。

⓬ 叩：敲击。

⓭ 金：箭头。

⓮ 乘（shèng）矢：四只箭。

译文

逄蒙向羿学习射箭，将羿的射技全部学尽，逄蒙心想天下唯有羿的射技超过自己，于是便杀了羿。孟子说："这也是羿的过错。"

公明仪问："羿好像没有过错啊。"

孟子说："罪轻罢了，怎么能说没有罪过呢？郑国人派子濯孺子攻打卫国，卫国派庾公之斯追击他。子濯孺子说：'今天我的病发作了，不能执弓，我必死无疑了！’便问他的车手说：‘追我的是谁啊？’车手说：‘是庾公之斯。’子濯孺子说：‘那我就有救了。’车手便问：‘庾公之斯是卫国出色的射手，先生您却说有救了，为什么这么说呢？’子濯孺子说：‘庾公之斯是向尹公之他学习的射箭，尹公之他则是向我学习的射箭。尹公之他是个品行端正的人，他选的弟子肯定也是个品行端正的人。’庾公之斯追上来了，问道：‘先生为什么不拿起弓箭呢？’子濯孺子回道：‘今天我疾病发作，不能拿起弓箭了。’庾公之斯说：‘我向尹公之他学的射箭，尹公之他又是向先生您学的射箭，我不忍心用先生的技艺反过来加害先生。即使这样，今天的事是国君的命令，我不敢废止。’于是抽出弓箭，在车轮上敲去箭头，射了四箭后就返回了。”

君子所以异于人者

孟子曰："君子所以异于人者，以其存心[1]也。君子以仁存心，以礼存心。仁者爱人，有礼者敬人。爱人者，人恒爱之；敬人者，人恒敬之。有人于此，其待我以横逆[2]，则君子必自反[3]也：我必不仁也，必无礼也，此物奚宜至哉[4]？其自反而仁矣，自反而有礼矣，其横逆由是也，君子必自反也：我必不忠。自反而忠矣，其横逆由是也，君子曰：'此亦妄人[5]也已矣。如此，则与禽兽奚择[6]哉？于禽兽又何难[7]焉？'是故君子有终身之忧，无一朝之患也。乃若[8]所忧则有之：舜，人也；我，亦人也。舜为法于天下，可传于后世，我由未免为乡人[9]也，是则可忧也。忧之如何？如舜而已矣。若夫[10]君子所患则亡矣。非仁无为也，非礼无行也。如有一朝之患，则君子不患矣。"

注释

❶ 存心：居心，指心中所怀的意念。

❷ 横逆：横暴无礼。

❸ 自反：自我反思。

❹ 此物奚宜至哉：此人怎么会这样。此物，此人。奚宜，怎么会。

❺ 妄人：狂妄无知的人。

❻ 奚择：有什么区别。

❼ 何难：有什么好计较的。难，计较。

❽ 乃若：至于，这样的。

❾ 乡人：乡下人，即俗人。

❿ 若夫：至于。

译文

孟子说："君子之所以和普通人不一样，是因为他心中所怀意念不同。君子将仁爱存于心中，将礼义存于心中。仁者爱人，有礼的人尊敬人。爱人的人，人们常常爱戴他；尊敬人的人，人们常常尊重他。若有个人，对我蛮横无理，君子一定会自我反省：我一定是不够仁爱，一定是表现无礼了，否则这样的事怎么会到我身上呢？于是君子自我反省而变得仁爱了，自我反省而变得有礼了，可那个人蛮横的态度如故，（这时）君子一定会自我反省：一定是我不忠敬了。于是君子自我反省而变得忠敬了，但是那个人蛮横的态度依然如故，（这时）君子就会说：'这不过是个无知妄为的人罢了。

他这样，与禽兽有什么区别呢？对禽兽又有什么可计较的呢？’因此，君子有终身的忧虑，没有一时的忧患。像这样的忧虑他是有的：舜是个人，我也是个人。舜为天下的人所效法，他的言行流传于后世，我却未免为一个普通人，这是可忧虑的事啊。忧虑这个做什么呢？想成为舜那样的人啊。至于君子一时的忧患是没有的。不仁爱的事不去做，无礼的事不去做。即使有一时的祸患，君子也不忧虑。”

五不孝

孟子曰："世俗所谓不孝者五：惰其四支，不顾父母之养，一不孝也；博弈[1]好饮酒，不顾父母之养，二不孝也；好货财，私妻子，不顾父母之养，三不孝也；从[2]耳目之欲，以为父母戮[3]，四不孝也；好勇斗很[4]，以危父母，五不孝也。"

注释

1. 博弈：棋类游戏。
2. 从：放纵，纵容。后作"纵"。
3. 戮：羞辱。
4. 很：心狠，残忍。也作"狠"。

译文

孟子说："世俗所谓的'不孝'有五种：四肢懒惰，不管父母的生活，是一不孝；沉迷赌博，喜欢饮酒，不管父母的生活，是二不孝；贪图钱财，偏爱妻子儿女，不管父母的生活，是三不孝；放纵耳目的享乐，使父母遭受羞辱，是四不孝；好勇斗狠，危及父母，是五不孝。"

尧、舜与人同

储子[1]曰："王使人瞷[2]夫子，果有以异于人乎？"

孟子曰："何以异于人哉？尧、舜与人同耳。"

注释

1 储子：齐国人。

2 瞷（jiàn）：窥视。

译文

储子问："大王派人来窥探先生，先生的相貌果真不同于常

人吗？”

孟子说：“有什么不同于常人的呢？尧、舜也和常人一样啊。”

齐人有一妻一妾

齐人有一妻一妾而处室者，其良人出，则必餍[1]酒肉而后反。其妻问所与饮食者，则尽富贵也。其妻告其妾曰：“良人出，则必餍酒肉而后反，问其与饮食者，尽富贵也，而未尝有显者[2]来，吾将瞯[3]良人之所之也。”蚤[4]起，施[5]从良人之所之，遍国中无与立谈者。卒之东郭墦[6]间，之祭者，乞其余，不足，又顾而之他，此其为餍足之道也。其妻归，告其妾，曰：“良人者，所仰望而终身也。今若此！”与其妾讪[7]其良人，而相泣于中庭。而良人未之知也，施施[8]从外来，骄其妻妾。由君子观之，则人之所以求富贵利达者，其妻妾不羞也而不相泣者，几希矣！

注释

❶ 餍（yàn）：饱。

❷ 显者：显贵的人。

❸ 瞯（kàn）：窥视。

❹ 蚤：通“早”。

❺ 施（yí）：逶迤斜行。

❻ 墦（fán）：坟墓。

❼ 讪：讥讽。

❽ 施施：喜悦得意的样子。

译文

齐国有个一妻一妾共处一室的人家，丈夫每次出去一定会吃饱喝足后才回家。妻子问与他一起喝酒吃饭的都是些什么人，他说都是大富大贵的人。妻子便对妾说：“丈夫出去便吃饱喝足了再回来，问他与什么样的人吃喝，回答都是大富大贵的人，可从来就有没显贵的人来过我们家，我要窥探他到底去了哪里。”早上起来，妻子便逶迤斜行跟着丈夫出去，走遍了都城都没有人停下跟他交谈。最后到了东城外的墓地，向祭祀的人讨要些余下的饭菜，不够又张望着向其他祭祀者讨要，这就是他吃饱喝足的法子啊。他妻子回到家，告诉妾说：“丈夫是我们所仰仗而托付终身的人。如今他竟是这样的人！”妻子便和妾讥讽丈夫，在厅堂里相对而泣。可丈夫并不知道这事，他得意扬扬地从外面回来，向妻子和妾夸耀。在君子看来，人们追求富贵荣华的手段，他们的妻妾不感到羞耻而相对哭泣的，实在是很少啊！

孟子

万章（上）

本篇主要记录了孟子与其弟子万章的对话，涉及一些对历史人物与事件的评价。本篇凡九章，本书选录了两章。

在有关对尧让天下的评论中，孟子提出了『天不言，以行与事示之而已矣』。从这种思想，我们可以窥伺到后代『天人感应』学说的端倪。这对于后世探讨『政权与天命之间关系』相关思想意义重大。

另外，在孟子与万章讨论『伊尹以割烹要汤』的议题中，孟子提出『使先知觉后知，使先觉觉后觉也』的思想，这对后世读书人的影响巨大，至今，中国的读书人都是以启迪民众、打破愚昧为自己义不容辞的职责的。

天子不能以天下与人

万章曰："尧以天下与舜，有诸？"

孟子曰："否。天子不能以天下与人。"

"然则舜有天下也，孰与之？"

曰："天与之。"

"天与之者，谆谆[1]然命之乎？"

曰："否。天不言，以行与事示之而已矣。"

曰："以行与事示之者，如之何？"

曰："天子能荐人于天，不能使天与之天下；诸侯能荐人于天子，不能使天子与之诸侯；大夫能荐人于诸侯，不能使诸侯与之大夫。昔者尧荐舜于天而天受之，暴[2]之于民而民受之。故曰：天不言，以行与事示之而已矣。"

注释

❶ 谆谆：反复告诫。

❷ 暴（pù）：公开。

译文

万章问："尧把天下给了舜，有这回事吗？"

孟子说："没有这回事。天子是不能把天下给人的。"

"那么舜拥有了天下，是谁给的呢？"

孟子说："天给的。"

"天给他的话，是天反复叮嘱着命定他的吗？"

孟子说："不。天不说话，只通过行为和事实展示出来罢了。"

万章问道："通过行为和事实展示出来，是怎么样的呢？"

孟子回答说："天子能向天推荐人，却不能让天将天下给他；诸侯能向天子推荐人，却不能让天子将诸侯之位给他；大夫能向诸侯推荐人，却不能让诸侯将大夫之位给他。以前，尧向天推荐舜，天接受了他，将他放在百姓面前，百姓接受了。因此说：天不说话，只是通过行为和事实展示出来罢了。"

伊尹以割烹要汤

万章问曰:“人有言‘伊尹以割烹要汤[1]’,有诸?”

孟子曰:“否,不然。伊尹耕于有莘[2]之野,而乐尧、舜之道焉。非其义也,非其道也,禄之以天下,弗顾也;系马千驷,弗视也。非其义也,非其道也,一介[3]不以与人,一介不以取诸人。汤使人以币[4]聘之,嚣嚣然[5]曰:‘我何以汤之聘币为哉?我岂若处畎亩之中,由是以乐尧、舜之道哉?’汤三使往聘之,既而幡然[6]改曰:‘与[7]我处畎亩之中,由是以乐尧、舜之道,吾岂若使是君为尧、舜之君哉?吾岂若使是民为尧、舜之民哉?吾岂若于吾身亲见之哉?天之生此民也,使先知觉后知,使先觉觉后觉也。予,天民之先觉者也;予将以斯道觉斯民也。非予觉之,而谁也?’思天下之民匹夫匹妇有不被尧、舜之泽者,若己推而内[8]之沟中。其自任以天下之重如此,故就汤而说之以伐夏救民。吾未闻枉己而正人者也,况辱己以正天下者乎?圣人之行不

同也，或远或近，或去或不去，归洁其身而已矣。吾闻其以尧、舜之道要汤，未闻以割烹也。《伊训》[9]曰：‘天诛造[10]攻自牧宫[11]，朕载[12]自亳。’”

注释

1 伊尹以割烹要汤：伊尹通过烹饪来迎合商汤。割，指烹饪。要，迎合。

2 有莘：古代国名。

3 介：通“芥”，小草，指微不足道的东西。

4 币：古代用于赠礼的布帛。

5 嚣（xiāo）嚣然：自得其乐的样子。

6 幡然：很快而彻底的。

7 与：与其。

8 内：接纳，交纳。后作“纳”。

9《伊训》：《尚书》逸篇名。

10 造：创始。

11 牧宫：桀的宫殿。

12 载：开始。

译文

万章问道：“有人说伊尹是靠烹饪来求见汤的，有这回事吗？”

孟子说：“不，不是这样的。伊尹在莘国的田野里耕作，以践行尧、舜之道为乐。不符合他们的义的，不符合他们的道的，即使将天下作为俸禄送给他，他也不会回头看一眼；就是给他四千匹马，他也不放在眼里。不符合他们的义的，不符合他们的道的，就是一丝一毫他也不会给别人，也不会从别人那里索取一丝一毫。汤派人带着礼品去聘请他，他一副淡然的表情说：'我接受汤的聘礼做什么呢？哪里比得上我处在田野之中，来体会尧、舜之道的乐趣呢？'汤三次派使者去聘请他，不久他突然改口说：'我在田里耕作，来体验尧、舜之道的乐趣，哪里比得上使当今的国君作尧、舜一样君主呢？哪里比得上我使当今的百姓像尧、舜时的百姓一样呢？哪里比得上我亲眼见到尧、舜时一样的盛世呢？上天生育了民众，是要让先知理的人启迪后知理的人，让先觉悟的人启迪后觉悟的人。我是上天造育出的先觉悟的人，我要用上天之道去启迪上天造育的民众。若不是我去启迪他们，还会有谁呢？'想到天下的百姓，男男女女，有一个没有受到尧、舜之道的恩泽，就像我自己将他推入水沟中一样。伊尹就这样担起了天下的重任，由此他才接近商汤，游说他讨伐夏朝，拯救百姓。我没听说过自己不正直而能使别人正直的，更何况侮辱自己来匡正天下的呢？圣人们处事的行为各不相同，有的远离君主，有的接近君主，有的离开，有的不离开，总之是保持自身的纯洁罢了。我只听说伊尹是通过尧、舜之道接近商汤的，没听说是通过烹饪。《伊训》上说：'上天要诛灭夏桀，是夏桀从自己王宫中开始造祸的，我只是从亳都出发。'"

孟子

万章（下）

本篇还是孟子与万章的对话汇集，论述的问题也比较广泛。本篇凡九章，本书选录三章。其中在有关交友的问题上，孟子认为人应该广泛地交朋友，尤其是那些品质高尚的人们，从一乡、一国，乃至天下，人应该努力去寻求。如果还不足，便去读古人的著作，从中吸取精神上的营养。

在关于士大夫与国君关系的讨论中，孟子的观点表现了非凡的勇气。对于不合格的君主，有骨气的、正直的读书人一定会反复谏言，若不听，便独善其身，远离昏君。

伯夷目不视恶色

孟子曰："伯夷[1]，目不视恶色，耳不听恶声，非其君不事，非其民不使，治则进，乱则退。横政[2]之所出，横民[3]之所止，不忍居也。思与乡人[4]处，如以朝衣朝冠坐于涂炭[5]也。当纣之时，居北海之滨，以待天下之清也。故闻伯夷之风者，顽夫[6]廉，懦夫有立志。

"伊尹曰：'何事非君？何使非民？'治亦进，乱亦进，曰：'天之生斯民也，使先知觉后知，使先觉觉后觉。予，天民之先觉者也，予将以此道觉此民也。'思天下之民匹夫匹妇有不与被尧、舜之泽者，若己推而内之沟中，其自任以天下之重也。

"柳下惠[7]，不羞污君，不辞小官；进不隐贤，必以其道；遗佚[8]而不怨，厄穷而不悯[9]。与乡人处，由由然[10]不忍去也。'尔为尔，我为我，虽袒裼裸裎[11]于我侧，尔焉能浼[12]我哉？'故闻柳下惠之风者，鄙夫[13]宽，薄夫[14]敦。

“孔子之去齐，接淅[15]而行；去鲁，曰：‘迟迟吾行也。’去父母国之道也。可以速而速，可以久而久，可以处而处，可以仕而仕，孔子也。”

孟子曰：“伯夷，圣之清者也；伊尹，圣之任者也；柳下惠，圣之和者也；孔子，圣之时者也。孔子之谓集大成。集大成也者，金声而玉振[16]之也。金声也者，始条理[17]也；玉振之也者，终条理也。始条理者，智之事也；终条理者，圣之事也。智，譬则巧也；圣，譬则力也。由[18]射于百步之外也，其至，尔力也；其中，非尔力也。”

注释

1. 伯夷：商末孤竹国君的长子。与其弟叔齐不食周粟而饿死于首阳山上。
2. 横（hèng）政：暴政。
3. 横民：暴民。
4. 乡人：乡下人，指俗人。
5. 涂炭：灰泥。
6. 顽夫：贪婪的人。
7. 柳下惠：春秋时期鲁国大夫。

❽ 遗佚：遗弃不用。

❾ 悯：忧伤，忧愁。

❿ 由由然：怡然自得的样子。

⓫ 袒裼（tǎn xī）裸裎（chéng）：赤身裸体。

⓬ 浼（měi）：玷污。

⓭ 鄙夫：庸俗浅薄之人。

⓮ 薄夫：性情刻薄之人。

⓯ 接淅（xī）：捧着已经淘洗的米。

⓰ 金声而玉振：金，指钟类乐器。玉，指磬类乐器。古时奏乐以钟声起音，以磬声收尾。

⓱ 条理：有秩序，有次第。

⓲ 由：通“犹”。

译文

孟子说：“伯夷这个人，眼不看邪恶的事物，耳不听邪恶的声音，不是他的君王他不侍奉，不是他的百姓他不驱使，天下太平了就出来做官，天下混乱了就退隐不出。暴政横行的地方，暴民聚居的地方，他都不愿意居住。他觉得与世俗之人待在一起，就如同穿戴上了上朝时的衣冠坐在路途炭灰之上一般。当时处在商纣在位的时代，他住在北海边上，等待着天下政治清明。因此，听说了伯夷的风范，贪婪的人会也变得清廉，懦弱的人也会变得有志向。

“伊尹说：‘哪个君主不能侍奉？哪里的百姓不能驱使？’因此天下太平他出来做官，天下混乱他也出来做官。他说：‘上天造育民众时要让先知理的人启迪后知理的，让先觉悟的人启迪后觉悟的。我是上天造育的民众中先行觉悟的人，我将要用上天之道去启迪民众。’他想到天下的百姓，男男女女，有一个没受到尧、舜之道的恩泽，就好像自己把他们推进了水沟中一样，伊尹就是这样以天下为己任的。

“柳下惠不以侍奉昏君为羞耻，不推辞小的官位。他出来做官不隐藏自己的才华，一定按照自己的原则办事；被冷落了他不怨恨，处境艰难了他不忧愁。和世俗之人待在一起，心情愉悦，不忍离去。他说：‘你是你，我是我，即使你在我身边赤身裸体，你又怎能玷污我呢？’所以，听闻柳下惠的风范的，庸俗浅陋的人会变得宽宏大量，性情刻薄的人会变得温和敦厚。

“孔子离开齐国时，淘洗的米还未干就急着走了；离开鲁国时，他说：‘我们慢慢走吧！’这是他离开祖国时的态度。该快速离开就快速离开，该慢慢离开的就慢慢离开，该归隐的就归隐，该做官的就做官，这就是孔子。”

孟子说：“伯夷，是圣人中的清高者；伊尹，是圣人中的担当者；柳下惠，是圣人中的随和者；孔子，是圣人中的识时务者。孔子可以称为集大成者。所谓集大成者，就像奏乐时以钟声起音、以磬声收尾一样。以钟声起音，是开始时有条理；以磬声收尾，是结束时有条理。开始时有条理，智慧的人能够做到；结束时有条理，圣明的人能够做到。智慧好比技巧，圣明好比气力。就像在百步以外射箭，能够射到靠的是气力，而要射中，靠的就不是气力了。”

尚论古之人

孟子谓万章曰："一乡之善士[1]，斯友一乡之善士；一国之善士，斯友一国之善士；天下之善士，斯友天下之善士。以友天下之善士为未足，又尚论[2]古之人。颂[3]其诗，读其书，不知其人，可乎？是以论其世也。是尚友也。"

注释

① 善士：优秀的人。

② 尚论：向上追溯。

③ 颂：通"诵"，朗读。

译文

孟子对万章说："一个乡都是优秀的人，就和一乡优秀的人做朋友；一个国家都是优秀的人，就和一国优秀的人做朋友；天下的人都是优秀的人，就和天下优秀的人做朋友。如果和天下优秀的人做朋友还觉得不够，就追溯古代的人。诵读他们的诗歌，阅读他们的著作，却不知道他们是怎样的人，这样可以吗？因此还要研究他们的时代。这就是追溯历史和古人做朋友。"

齐宣王问卿

齐宣王问卿。孟子曰："王何卿之问也？"

王曰："卿不同乎？"

曰："不同。有贵戚之卿[1]，有异姓之卿。"

王曰："请问贵戚之卿。"

曰："君有大过则谏，反覆之而不听，则易位。"

王勃然变乎色。

曰："王勿异也。王问臣，臣不敢不以正[2]对。"

王色定，然后请问异姓之卿。

曰："君有过则谏，反覆之而不听，则去。"

注释

1. 贵戚之卿：同姓的贵族卿大夫。
2. 正：诚心。

译文

齐宣王向孟子询问怎么做才算“卿”。孟子回答：“您问的是哪种卿？”

齐宣王说：“卿还有不一样的吗？”

孟子说：“不一样。有同姓的卿，有异姓的卿。”

齐宣王说：“请问同姓的卿。”

孟子说：“国君有了大过错他就劝谏，反复劝谏，国君如果不听，就会另立国君。”

齐宣王的脸色立刻大变。

孟子说：“大王不要见怪。大王问我，我哪里敢不正面回答。”

齐宣王的脸色缓和了下来，又询问孟子异姓的卿。

孟子说：“国君有过错就劝谏，反复劝谏，国君如果不听，就辞官离开。”

孟子

告子（上）

本篇集中讨论了孟子的『性善』论，不过也间接地保存了告子等人的人性『无善无恶』的观点，是一篇在思想史上极有价值的文章。本篇二十章，本书选录了有代表性的九章。

孟子认为人的本性是固定的，那就是向善，就像水，只会向下流一样。他认为人之所以性本善，就在于人有四种心理，即恻隐之心、羞恶之心、辞让之心、是非之心，它们是人类与生俱来的。由这四种心理便能生发出社会上所奉行的四种基本的道德规范，即仁、义、礼、智。他列举了一个『孺子将入于井』的著名案例来证明同情心是人与生俱来的，这在当时是很难被驳倒的。

而人世间之所以会产生恶，就在于人失去本心，他称这种情况叫『放心』，人求学问道的目的就在于追回这颗『放心』。回归本心的最佳手段不是向外求，而是要『反求诸己』，从人类心灵的内部重启善端。这种思想对中国人影响至深。

性，犹杞柳也

告子曰："性，犹杞柳[1]也；义，犹桮棬[2]也。以人性为仁义，犹以杞柳为桮棬。"

孟子曰："子能顺杞柳之性而以为桮棬乎？将戕贼[3]杞柳而后以为桮棬也？如将戕贼杞柳而以为桮棬，则亦将戕贼人以为仁义与？率天下之人而祸仁义者，必子之言夫！"

注释

1 杞（qǐ）柳：也叫红皮柳，落叶乔木，枝条细长柔韧，可编织筐等器物。

2 桮棬（bēi quān）：杯盘。先用柳条编成杯盘的胎骨，外面再涂漆加工而成。

3 戕贼：毁坏。

译文

告子说："人性就如杞柳，仁义就如杯盘。让人性符合仁义，就如用杞柳制作杯盘一样。"

孟子说：“你是顺着杞柳的性质来做成杯盘呢，还是毁坏杞柳而后做成杯盘呢？如果要毁坏杞柳才能做成杯盘，难道也要残害人性来成就仁义吗？率领天下人来祸害仁义的，一定就是你这样的说法了！”

性犹湍水也

告子曰："性犹湍水[1]也，决诸东方则东流，决诸西方则西流。人性之无分于善不善也，犹水之无分于东西也。"

孟子曰："水信[2]无分于东西，无分于上下乎？人性之善也，犹水之就下也。人无有不善，水无有不下。今夫水，搏[3]而跃之，可使过颡[4]；激[5]而行之，可使在山。是岂水之性哉？其势则然也。人之可使为不善，其性亦犹是也。"

注释

1. 湍水：急流。
2. 信：确实。
3. 搏：拍打。
4. 颡（sǎng）：额头。
5. 激：用戽（hù）斗抽水。

译文

告子说："人性就像湍急的水，在东方掘开缺口就往东流，在西方掘开缺口就往西流。人性不分善恶，就像水的流向不分东西一样。"

孟子说："水的流向的确不分东西，可也不分上下吗？人性向善，就像水总往下边流一样。人没有不向善的，水没有不向下流的。现在对水，拍打使它溅起，可以使它越过人的额头；用器械抽水，可以使它流向高山。这难道是水的本性吗？是外在形势迫使它如此的。人之所以会做坏事，是因为他的本性也受到了逼迫。"

生之谓性

告子曰："生之谓性。"

孟子曰："生之谓性也，犹白之谓白与？"

曰："然。"

"白羽之白也，犹白雪之白；白雪之白，犹白玉之白与？"

曰："然。"

"然则犬之性，犹牛之性；牛之性，犹人之性与？"

译文

告子说："天生的资质就是人的本性。"

孟子说："天生的资质就是人的本性，就如凡是白色的都叫作白吗？"

告子说："是的。"

孟子说："那么白羽毛的白就是白雪的白，白雪的白就是白玉的白吗？"

告子说："是的。"

孟子说："那么狗的本性就是牛的本性，牛的本性就是人的本性吗？"

性无善无不善也

公都子曰："告子曰：'性无善无不善也。'或曰：'性可以为善，可以为不善。是故文、武兴，则民好善；幽、厉兴，则民好暴。'或曰：'有性善，有性不善。是故以尧为君而有象，以瞽瞍为父而有舜，以纣为兄之子且以为君，而有微子启、王子比干。'今曰'性善'，然则彼皆非与？"

孟子曰："乃若[1]其情，则可以为善矣，乃所谓善也。若夫为不善，非才[2]之罪也。恻隐之心，人皆有之；羞恶之心，人皆有之；恭敬之心，人皆有之；是非之心，人皆有之。恻隐之心，仁也；羞恶之心，义也；恭敬之心，礼也；是非之心，智也。仁、义、礼、智，非

由外铄[3]我也，我固有之也，弗思耳矣。故曰：‘求则得之，舍则失之。’或相倍蓰而无算者，不能尽其才者也。《诗》曰：‘天生蒸民，有物有则。民之秉彝，好是懿德。’[4]孔子曰：‘为此诗者，其知道乎！故有物必有则，民之秉彝也，故好是懿德。’”

注释

1 乃若：至于。

2 才：资质。

3 外铄：受外界影响。

4 “天生蒸民”四句：语出《诗·大雅·烝民》。蒸民，众民。秉，执。彝，常道。懿，美好的。

译文

公都子说：“告子说：‘人性没有善与不善的区别。’有的人说：‘人性这个东西，可以让它变成善的，也可以让它变成不善的。因此，周文王、周武王兴起，百姓就喜欢向善；周幽王、周厉王在位，百姓就喜欢横暴。’也有人说：‘有的人本性善良，有的人本性不善良。因此，尧为君主的时候仍有象这样的暴民，瞽瞍作为父亲却有舜这样善良的儿子，纣作为老国君兄长的儿子而做了国君，却有微子启、王子比干这样的贤人。’现在您说‘人性本善’，难道他们的说法都错了吗？”

孟子说：“只从本质上来说，可以使它向善，这是我所说的‘人性本善’的意思。如果一个人做了坏事，这不是它本性的问题。同情心，人人本性中皆有；羞耻心，人人本性中皆有；恭敬心，人人本性中皆有；是非心，人人本性中皆有。同情心，就是仁；羞耻心，就是义；恭敬心，就是礼；是非心，就是智。仁、义、礼、智，都不是外部环境给予我的，而是我本身就有的，只是没好好思考它罢了。所以说：‘追求便能得到，舍弃便会失去。’可人与人之间相差一倍、五倍、无数倍，是因为他们没有穷尽自己的资质罢了。《诗》上说：‘上天生育黎民，事物皆有法则。万民秉持常道，喜爱美好品德。’孔子说：‘作这首诗的人，是理解大道的啊！所以事物皆有法则。万民秉持着常道，因此喜爱美好的品德。’”

富岁，子弟多赖

孟子曰："富岁，子弟多赖[1]；凶岁，子弟多暴，非天之降才尔殊也，其所以陷溺其心者然也。今夫麰麦[2]，播种而耰[3]之，其地同，树之时又同，浡然而生，至于日至[4]之时，皆熟矣。虽有不同，则地有肥硗[5]、雨露之养、人事之不齐也。故凡同类者，举相似也，何独至于人而疑之？圣人与我同类者。故龙子曰：'不知足而为屦[6]，我知其不为蒉[7]也。'屦之相似，天下之足同也。口之于味，有同耆也。易牙[8]先得我口之所耆者也。如使口之于味也，其性与人殊，若犬马之与我不同类也，则天下何耆皆从易牙之于味也？至于味，天下期于易牙，是天下之口相似也。惟耳亦然，至于声，天下期于师旷[9]，是天下之耳相似也。惟目亦然。至于子都[10]，天下莫不知其姣[11]也。不知子都之姣者，无目者也。故曰：口之于味也，有同耆焉；耳之于声也，有同听焉；目之于色也，有同美焉。至于心，独无所同然乎？心之所同然者何也？谓理也，

义也。圣人先得我心之所同然耳。故理义之悦我心，犹刍豢[12]之悦我口。”

注释

1 赖：同“懒”，懒惰。

2 麰（móu）麦：大麦。

3 耰（yōu）：农具名。这里用作动词，是疏松土壤、平整土地的意思。

4 日至：指夏至。

5 硗（qiāo）：土地贫瘠。

6 屦：草鞋。

7 蒉（kuì）：草编的土筐。

8 易牙：齐桓公的宠臣，擅长烹饪。

9 师旷：春秋时著名的乐师，擅长音乐。

10 子都：古代的美男子。

11 姣：美好。

12 刍豢（huàn）：牛羊犬猪等家畜，这里指肉类食品。

译文

孟子说：“丰年时，年轻人大多懒惰；荒年时，年轻人大多横暴，并不是上天赋予的资质不同，而是那些使他们的心沉溺的事物造成的。就好比那大麦，播种耕作，土地相同，种植的时间相同，它们蓬勃生长，到夏至时，便都成熟了。即使有所不同，那也是因为土地的肥瘠不同、雨水的多少不同、人尽心的程度不同。因此，大凡同类的事物都是这种情况，为什么唯独到了人就有疑惑了呢？圣人也是和我们同类的。所以龙子说：‘不知道脚样就去编草鞋，我知道它肯定不会被编成草筐的。’草鞋之所以是相似的，是因为天下人的脚长得都相同。口对于味道，也有相同的嗜好，易牙是在我们之前就了解到味道的人。如果说对味道的感知，人各不同，就如同狗、马与人的口味之间那么大的差异的话，那么为什么天下人都倾向于易牙所烹饪出的美味呢？说到味道，天下人都倾向于易牙的口感，是因为天下人的口都是相似的。耳朵也一样，说到声音，天下人都倾向于师旷对于声音的感知，是因为天下人的耳朵都相似。眼睛也一样。说到子都，天下没人不知道他的美貌的。不知道子都美貌的，是瞎子。所以说，口对于味道，有相同的嗜好；耳朵对于声音，有相同的听觉；眼睛对于美色，有相同的美感。到了人心，独独就不相同了吗？人心所认同的是什么呢？是理，是义。圣人先于我们找了人心所认同的理义罢了。所以，理、义愉悦我们的内心，就如同肉食愉悦我们的味觉一样。”

一日暴之，十日寒之

孟子曰："无或[1]乎王之不智也，虽有天下易生之物也，一日暴[2]之，十日寒之，未有能生者也。吾见亦罕矣，吾退而寒之者至矣。吾如有萌焉何哉！今夫弈之为数[3]，小数也；不专心致志，则不得也。弈秋[4]，通国之善弈者也。使弈秋诲两人弈，其一人专心致志，惟弈秋之为听。一人虽听之，一心以为有鸿鹄[5]将至，思援[6]弓缴[7]而射之，虽与之俱学，弗若之矣。为是其智弗若与？曰：非然也。"

注释

1. 或：迷惑。后作"惑"。
2. 暴：晒。后作"曝"。
3. 数：技艺。
4. 弈秋：古代一位擅长下棋的人。
5. 鸿鹄（hú）：即天鹅。
6. 援：拿。
7. 缴（zhuó）：一种箭尾上缠缚丝线的箭，射出去还能收回。

译文

孟子说：“大王您不要再疑惑您的不智了，即使有天下最容易生长的东西，一天暴晒它，十天冷冻它，也没有能生长的了。我见大王的次数也很少了，我一退出，那些‘冷冻’您的人也就到了。我对大王您刚萌生出的善政的嫩芽有什么办法呢！就如同下棋的技艺，是小技艺，但如果不专心致志地学，也无法精通。弈秋是全国最善于下棋的人。让他教两个人下棋，其中一人专心致志，只听弈秋的讲授。另外一人虽然也在听，却一心只想着有天鹅将要从此地飞过，心里想着弯弓搭箭去射它，他虽然与另一个人一起学习，也比不上人家的。是他的智力不如人家吗？我认为不是的。”

鱼我所欲也

孟子曰："鱼，我所欲也，熊掌亦我所欲也。二者不可得兼，舍鱼而取熊掌者也。生亦我所欲也，义亦我所欲也。二者不可得兼，舍生而取义者也。生亦我所欲，所欲有甚于生者，故不为苟得也；死亦我所恶，所恶有甚于死者。故患有所不辟[1]也。如使人之所欲莫甚于生，则凡可以得生者，何不用也？使人之所恶莫甚于死者，则凡可以辟患者，何不为也？由是则生而有不用也，由是则可以辟患而有不为也。是故所欲有甚于生者，所恶有甚于死者。非独贤者有是心也，人皆有之，贤者能勿丧耳。

"一箪[2]食，一豆[3]羹，得之则生，弗得则死。嘑尔[4]而与之，行道之人弗受；蹴[5]尔而与之，乞人不屑也。万钟[6]则不辩礼义而受之。万钟于我何加焉？为宫室之美、妻妾之奉、所识穷乏者得[7]我与？乡[8]为身死而不受，今为宫室之美为之；乡为身死而不受，今为

妻妾之奉为之；乡为身死而不受，今为所识穷乏者得我而为之，是亦不可以已乎？此之谓失其本心。”

注释

❶ 辟：避开，回避。后作“避”。

❷ 箪（dān）：盛饭的竹制饭筐。

❸ 豆：一种有盖的高足食器。

❹ 嘑（hū）尔：没礼貌地呼叫。

❺ 蹴（cù）：践踏。

❻ 万钟：优厚的俸禄。钟，古代计量单位。

❼ 得：通“德”，德行，这里指感激。

❽ 乡：同“向”，先前。

译文

孟子说：“鱼是我所想要的，熊掌也是我所想要的，若两者不能同时获得，我就舍弃鱼而选择熊掌。生命是我所想要的，道义也是我所想要的，若两者不能同时获得，我就舍弃生命而选择道义。生命也是我所欲求的，但我所欲求的有超过生命的，因此我不会苟且偷生；死亡是我所厌恶的，但我所厌恶的有超过死亡的，因此有的祸患我是不会躲避的。若使人的欲求没有比生命更重的，那么凡是可以获得生存的手段，有什么不能用的呢？若使人所厌恶的没有比死亡更轻的，那么凡是可以避开祸患的手段，有什么不能用的呢？通过这样做就能活下去，有人却不会这样做；通过这样就能逃避祸患，有人却不会去做。因此，人的欲求有超过生命的，人的厌恶有超过死亡的。并非只有贤人有这个心，每个人都有，只是贤人能保持而不丧失它罢了。

“一筐饭，一盏羹，得到了就能活，得不到就会死，可轻蔑地吆喝着给他，就是饥饿的路人也不会接受；用脚踩了再给他，就是乞丐也不屑去要；万钟的俸禄，不分辨是否符合礼义便接受了。万钟的俸禄对我来说能增加什么呢？是为了华丽的宫室、妻妾的侍奉、所认识的贫困之人对我的感激吗？过去宁愿死也不接受，现在为了华丽的宫室便接受了；过去宁愿死也不接受，现在为了妻妾的侍奉便接受了；过去宁愿死亡也不接受，现在为了所认识的穷困之人感激我便接受了，这样的做法难道不该停止吗？这就叫作丧失了人的本心。”

其放心而已

孟子曰:“仁,人心也;义,人路也。舍其路而弗由,放[1]其心而不知求,哀哉!人有鸡犬放,则知求之;有放心,而不知求。学问之道无他,求其放心而已矣。”

注释

[1] 放:丢失。

译文

孟子说:“仁,是人心;义,是人的路。舍弃了路而不走,丢掉了心而不知寻求,悲哀啊!人们的鸡和狗如果丢失了,就知道找回;可丢掉了仁心,却不知道找回来。学问的道理没有别的,只是寻求丢掉的仁心罢了。”

钧是人也

公都子问曰："钧[1]是人也，或为大人，或为小人，何也？"

孟子曰："从其大体为大人，从其小体为小人。"

曰："钧是人也，或从其大体，或从其小体，何也？"

曰："耳目之官[2]不思，而蔽于物，物交物，则引之而已矣。心之官则思，思则得之，不思则不得也。此天之所与我者，先立乎其大者，则其小者弗能夺也。此为大人而已矣。"

注释

1 钧：通"均"。

2 官：器官。

译文

公都子问道："都是人，有的成了君子，有的却成了小人，这是为什么呢？"

孟子说："满足身体重要部位的就成了君子，满足身体不重要部位的就成了小人。"

公都子说："都是人，有的满足身体重要部位，有的满足身体不重要部位，是为什么呢？"

孟子说："耳朵、眼睛这样的感官是不会思考的，会被外物蒙蔽，与外物接触，就受到引诱罢了。而心这样的器官是会思考的，思考就能得道，不思考就不能得道。这是上天赋予我们的，先确立了重要部分的所求，那次要部分就无法夺去人的意志了。这样就成为君子了。"

孟子

告子（下）

本篇内容较为杂乱，多为孟子与一些人的交谈和辩论，随处可见孟子言辞的开合有术与一针见血。本篇十六章，本书选录了五章。在这其中，他高扬了道德原则的重要性，并将它们凌驾于人类的生理需求之上，认为『礼』重于『食』与『色』。在文明世界中，难以幻想没有道德原则规范的欲望诉求。他批评了白圭的『以邻为壑』，并认为人只要努力，便『人皆可以为尧、舜』。

他十分看重外在环境对人的磨砺，认为『天将降大任于是人也，必先苦其心志，劳其筋骨』，只有经得住这样的磨砺与洗礼，人才能增长智慧、获得进步。同时，过分的安逸只能使人堕落，他得出结论：生于忧患死于安乐。不可不说，这是非常具有远见卓识的。

礼与食孰重？

任[1]人有问屋庐子[2]曰："礼与食孰重？"

曰："礼重。"

"色与礼孰重？"

曰："礼重。"

曰："以礼食，则饥而死；不以礼食，则得食，必以礼乎？亲迎[3]，则不得妻；不亲迎，则得妻，必亲迎乎？"

屋庐子不能对，明日之邹以告孟子。

孟子曰："于答是也何有？不揣[4]其本而齐其末，方寸之木可使高于岑楼[5]。金重于羽者，岂谓一钩金[6]

与一舆羽之谓哉？取食之重者，与礼之轻者而比之，奚翅[7]食重？取色之重者，与礼之轻者而比之，奚翅色重？往应之曰：‘紾[8]兄之臂而夺之食，则得食；不紾，则不得食，则将紾之乎？逾东家墙而搂其处子[9]，则得妻；不搂，则不得妻，则将搂之乎？’”

注释

1. 任：周初诸侯国名。故地在今山东济宁。
2. 屋庐子：孟子的弟子，名连。
3. 亲迎：古代婚姻礼俗中的“六礼”之一，新郎必驾车亲自迎娶新娘。
4. 揣：衡量。
5. 岑楼：高楼。
6. 一钩金：一带钩之金，这里指一点金子。
7. 翅：通“啻”，仅，只。
8. 紾（zhěn）：扭折。
9. 处子：处女。

译文

任国有个人问屋庐子说：“礼仪与食物哪个重要？”

（屋庐子说：）“礼仪重要。”

（那人再问：）“妻子与礼仪哪个重要？”

（屋庐子说：）“礼仪重要。”

那人又问：“如果遵循礼仪去谋食，就会饿死，而不遵循礼仪谋食，就能得到食物，还必须遵循礼仪吗？如果遵循礼仪亲迎新娘，就得不到妻子，而不遵循礼仪亲迎新娘，就能得到妻子，还必须遵循礼仪亲自迎接吗？”

屋庐子答不上来，第二天去邹国把这件事告诉了孟子。

孟子说：“解答这个问题有什么难的呢？若不将底端对齐，而只比较顶端，一寸高的木头也能高过高楼。说金子重于羽毛，难道能拿一点儿黄金跟一车羽毛比较轻重吗？拿食物重要的一面与礼仪轻微的一面相比较，何止是食物更重要呢？拿娶妻重要的一面与礼仪轻微的一面相比较，何止是娶妻更重要呢？你去回答他说：‘扭断兄长的手臂去夺他的食物，就能得到食物；不扭断他的手臂就不能得到食物，你会去扭断他的手臂吗？翻越东家的院墙去搂抱他家的少女，就能得到妻子；不去搂抱就得不到妻子，你会去搂抱吗？’”

人皆可以为尧舜

曹交[1]问曰："人皆可以为尧、舜，有诸？"

孟子曰："然。"

"交闻文王十尺，汤九尺，今交九尺四寸以长，食粟而已，如何则可？"

曰："奚有于是？亦为之而已矣。有人于此，力不能胜一匹雏[2]，则为无力人矣；今日举百钧[3]，则为有力人矣。然则举乌获[4]之任，是亦为乌获而已矣。夫人岂以不胜为患哉？弗为耳。徐行后长者谓之弟[5]，疾行先长者谓之不弟。夫徐行者，岂人所不能哉？所不为也。尧、舜之道，孝弟而已矣。子服尧之服，诵尧之言，行尧之行，是尧而已矣；子服桀之服，诵桀之言，行桀之行，是桀而已矣。"

曰："交得见于邹君，可以假馆[6]，愿留而受业于门。"

曰："夫道，若大路然，岂难知哉？人病不求耳。子归而求之，有余师。"

注释

❶ 曹交：曹国国君的弟弟，名交。

❷ 一匹雏：一只小鸡。

❸ 百钧：一钧为三十斤，百钧为三千斤。

❹ 乌获：古时候的大力士。

❺ 弟："悌"的古字。顺敬兄长。

❻ 假馆：借用馆舍。

译文

曹交问道："人人都可以成为尧、舜，有这样的说法吗？"

孟子说："有。"

曹交又问："我听说文王身高十尺，汤身高九尺，现在我有九尺四寸多高，只会吃饭罢了，我要怎么办才能行呢？"

孟子说："这有什么关系呢？也不过是去做就行了。假设有个人，他的力量连一只小鸡都拎不起，就是没力气的人。现在他说他能举起三千斤东西，那他就是有力气的人了。如果他能举起的东西与乌获能举起的一样重，那他也就是和乌获一样的人了。所以说人哪里忧虑自己不能胜任呢？不去做罢了。慢慢地走在长者后面叫作悌，飞快地抢路到长者前面叫作不悌。慢慢地走，哪是人做不到的呢？人不去做罢了。尧、舜之道，就是孝悌之道罢了。你穿上尧的衣服，说尧所说的话，做尧所做的事，就是尧了；你穿上桀的衣服，说桀所说的话，做桀所做的事，就是桀了。”

曹交说：“我要去拜见邹国的国君，在那里借住下来，愿留在您的门下学习。”

孟子说：“道，就像大路一样，哪里是难以理解的事呢？怕的是人们不去追求罢了。你回去找找，老师多着呢。”

今之事君者

孟子曰："今之事君者皆曰：'我能为君辟土地，充府库。'今之所谓良臣，古之所谓民贼也！君不乡道，不志于仁，而求富之，是富桀也。'我能为君约与国，战必克。'今之所谓良臣，古之所谓民贼也！君不乡道，不志于仁，而求为之强战，是辅桀也。由今之道，无变今之俗，虽与之天下，不能一朝居也。"

译文

孟子说："现在侍奉君主的人都说：'我能为君主开辟土地，充实国库。'现在所说的良臣，就是古代所说的民贼啊！君主不向往大道，以仁政为志向，却想着让他富足，这是在让夏桀那样的暴君富起来。又有人说：'我能为君主结约盟国，每战必胜。'现在所说的良臣，就是古代所说的民贼啊！君主不向往大道，以仁政为志向，却想让他军事强大，这是在辅助夏桀那样的君主啊。照着现在的趋势，不改变今天的习气，就是把全天下给他，他也是连一天都不能坐稳的。"

以邻国为壑

白圭曰："丹之治水也愈于禹。"

孟子曰："子过矣。禹之治水，水之道也。是故禹以四海为壑，今吾子以邻国为壑。水逆行，谓之洚水。洚水者，洪水也，仁人之所恶也。吾子过矣。"

译文

白圭说："我治水胜过了大禹。"

孟子说："你错了。大禹治水，是顺着水的本性。因此，大禹将四海作为导引水归向的沟壑，现在你却将邻国作为导引水归向的沟壑。水逆流而行，叫泛滥。泛滥就是洪水，这是有仁德的人所厌恶的事情。你错了。"

天将降大任于是人也

孟子曰："舜发于畎亩之中，傅说举于版筑之间[1]，胶鬲举于鱼盐之中[2]，管夷吾举于士[3]，孙叔敖举于海[4]，百里奚举于市[5]。故天将降大任于是人也，必先苦其心志，劳其筋骨，饿其体肤，空乏其身，行拂[6]乱其所为，所以动心忍性，曾[7]益其所不能。人恒过，然后能改；困于心，衡[8]于虑，而后作；征[9]于色，发于声，而后喻。入则无法家拂士[10]，出则无敌国外患者，国恒亡。然后知生于忧患而死于安乐也。"

注释

1. 傅说（yuè）：商王武丁的国相。相传曾为刑徒，在傅岩做修筑城墙的工人，后被武丁举为国相。版筑：古人筑城墙时，用两版相夹，中间倒入土，用杵捣实。
2. 胶鬲（gé）：商纣时的贤人，以贩卖鱼盐为生，后为周文王举用。
3. 管夷吾：即管仲。士：狱官。管仲曾遭囚禁，受狱官管制，故有此说。
4. 孙叔敖：楚国人，曾隐居在海边，后被楚庄王举为令尹。
5. 百里奚：虞国人，后从虞国逃至楚国，沦为奴隶，秦穆公以五张羊皮将他买回，委以重任。

❻ 拂：违背。

❼ 曾：增加。后作“增”。

❽ 衡：通“横”。

❾ 征：表现。

❿ 拂（bì）士：同“弼士”，辅佐的贤士。

译文

孟子说：“舜发迹于田亩之中，傅说被举用于建筑工地之上，胶鬲被举用于贩卖鱼盐的市场里，管仲被举用于牢狱之中，孙叔敖在海边被举用，百里奚在市场被举用。因此，上天将要把重任交付给某人，必先磨砺他的心志，劳动他的筋骨，饥饿他的身体，穷困他的生活，扰乱他前行的方向，以此使他内心震动，性格坚忍，增加他没有的能力。人经常犯错，这样之后才能改正；内心困苦、思虑不顺，而后才会奋发；显露于形貌、流露于言辞而后才能被人了解。国内没有执法的能臣、辅弼的贤士，国外没有敌国外患，这样的国家常常会灭亡。由此可知，忧患能使人生存，而安乐常使人灭亡。”

孟子

尽心（上）

本篇集中探讨了孟子有关『心』『性』『天』『命』的学说。本篇凡四十六章，本书选录了二十章。

从认知层面上说，孟子认为只有『尽心』才能『知性』，然后到『知天』。按照孟子的逻辑，既然人天然就具备善端，所谓『万物皆备于我矣』，只需『反身而诚』，将人的本性发挥出来，就能够认知人性，进而理解天赐人类的使命。因此，从实践层面上来看，从『存心』到『养性』，再到『事天』，也就是先保存住本心不失，然后好好养护自己天性里的善端，最后谨慎地履行自己的天命。

除了内在修身方面的见解，在社会实践层面上，孟子认为读书的士人得志了，就应将恩泽施加于人民；不得志了，也不能随波逐流，应该保持独立，以高尚的情操，闻名于世。他的这种『穷则独善其身，达则兼善天下』的精神，塑造了一代又一代中国文人的人格特征。

修身以俟之

孟子曰："尽其心[1]者，知其性[2]也。知其性，则知天[3]矣。存其心，养其性，所以事天[4]也。夭寿不贰[5]，修身以俟之，所以立命也。"

注释

1 心：这里是指孟子思想中具备恻隐、羞恶、辞让、是非四种善端的本心。

2 性：对应于四种善端的仁、义、礼、智四种道德的开端。

3 天：天道。

4 事天：遵循天道。

5 不贰：没有二心，这里指意志专一，不变心。

译文

孟子说："穷极发展了人善良的本心，就能认识人的本性。认识了人的本性，就能知道天道。保存本心不失，养护本性，以此来遵循天道。不管寿命长短都不怀疑，一心修身等待天命的到来，以此来安身立命。"

万物皆备于我

孟子曰:“万物皆备于我矣。反身而诚[1]，乐莫大焉。强恕[2]而行，求仁莫近焉。”

注释

[1] 诚：真实无妄。

[2] 恕：指儒家推己及人的恕道。

译文

孟子说:“万物的道理我都具备了。反躬自省，诚实无妄，没有比这更快乐的了。坚持按照推己及人的恕道行事，没有比这更接近仁的方法的了。”

终身由之而不知其道者

孟子曰：“行之而不著[1]焉，习矣而不察焉，终身由[2]之而不知其道者，众[3]也。”

注释

❶ 著：明白，这里指清醒地认识。

❷ 由：遵循。

❸ 众：普通大众。

译文

孟子说：“做了但不明白其中的道理，习惯了而不去探求根本原因，终身运用着而不知晓其中道理的，就是大多数人。”

人不可以无耻

孟子曰：“人不可以无耻。无耻之耻，无耻矣。”

译文

孟子说：“人不可以没有羞耻心。以没有羞耻心为耻，才能没有耻辱之累。

耻之于人大矣

孟子曰："耻之于人大矣，为机变[1]之巧者，无所用耻焉。不耻不若人，何若人有？"

注释

[1] 机变：机谋巧诈。

译文

孟子说："羞耻心对人的意义大了！玩弄机谋权诈的人没什么地方可以用得上自己的羞耻心。不以比不上别人为羞耻，怎么能追上别人呢？"

达则兼善天下

孟子谓宋句践[1]曰："子好游[2]乎？吾语子游。人知之，亦嚣嚣[3]；人不知，亦嚣嚣。"

曰："何如斯可以嚣嚣矣？"

曰："尊德乐义，则可以嚣嚣矣。故士穷[4]不失义，达不离道。穷不失义，故士得己[5]焉；达不离道，故民不失望焉。古之人，得志，泽加于民；不得志，修身见[6]于世。穷则独善其身，达则兼善天下。"

注释

1. 宋句（gōu）践：人名。
2. 游：游说。
3. 嚣嚣：自得无欲的样子。
4. 穷：政治失意。
5. 得己：不失己志。
6. 见：显现，出现。后作"现"。

译文

孟子对宋句践说："你喜欢游说吗？我来跟你谈谈游说。别人理解你，你要自得其乐；别人不理解你，你也要自得其乐。"

宋句践问："怎样做才能自得其乐呢？"

孟子答道："崇尚道德，喜欢正义，就可以恬淡无求了。因此，士人穷困时不失去道义，发达时不离开道德。穷困时不失去道义，所以士人能得其所哉；发达时不离开道德，所以老百姓不会对他失望。古代的人，得志时将恩泽施加到百姓身上，不得志时就修养品行，立于人世。穷困时能够独善其身，发达时就会兼善天下。”

善政善教

孟子曰：“仁言不如仁声[1]之入人深也，善政不如善教之得民也。善政民畏之，善教民爱之。善政得民财，善教得民心。”

注释

[1] 声：能使风俗变得醇厚的音乐声。

译文

孟子说：“仁德的话语不如仁德的音乐更能深入人心，好的政令不如好的教化更得民心。好的政令是使百姓畏惧，好的教化会得到百姓的爱护；好的政令能得到百姓的财产，好的教化能得到的是百姓的心。”

舜之居深山之中

孟子曰："舜之居深山之中，与木石居，与鹿豕游，其所以异于深山之野人者几希。及其闻一善言，见一善行，若决江河，沛然[1]莫之能御也。"

注释

[1] 沛然：水流很大的样子。

译文

孟子说："舜居住在深山的时候，住在树木、石头之间，与山鹿、野猪相处，他与深山中的野人的差异很小。等他听到一句符合道义的话，看见一件符合道义的事，就像决了口的江河一样，没人能够阻挡他。"

君子有三乐

孟子曰："君子有三乐，而王天下不与存焉。父母俱存，兄弟无故[1]，一乐也。仰不愧于天，俯不怍[2]于人，二乐也。得天下英才而教育之，三乐也。君子有三乐，而王天下不与存焉。"

注释

[1] 故：灾患疾病等事故。

[2] 怍（zuò）：惭愧。

译文

孟子说："君子有三件快乐事，而称王天下不在其中。父母皆健在，兄弟没有灾殃，这是第一件快乐事。仰头不愧于天，俯身不愧于人，这是第二件快乐事。得到天下的英才，教育他们，这是第三件快乐事。君子有三件快乐事，而称王天下不在其中。"

不言而喻

孟子曰："广土众民，君子欲之，所乐不存焉；中天下而立，定四海之民，君子乐之，所性不存焉。君子所性，虽大行不加焉，虽穷居不损焉，分定故也。君子所性，仁、义、礼、智根于心。其生色也睟然[1]，见于面，盎[2]于背，施[3]于四体，四体不言而喻。"

注释

1. 睟（suì）然：清和润泽的样子。
2. 盎：充盈。
3. 施：延及。

译文

孟子说："广阔的土地和众多的人民，君子想得到，可他们的乐趣却不在这里；站立在天下的中心，安定四方百姓，君子高兴做，可他们的本性却不在这里。君子的本性，即使丰功伟绩也不会增加它，即使穷困自处也不会减少它，因为他的本性是天定的。君子的本性，仁、义、礼、智植根在内心，它表现于态度上是清和润泽，显现在脸上，充盈在背部，蔓延到四肢动作，不需要言语说明，人们便能明白。"

不成章不达

孟子曰：“孔子登东山而小鲁，登泰山而小天下。故观于海者难为水，游于圣人之门者难为言。观水有术，必观其澜。日月有明，容光[1]必照焉。流水之为物也，不盈科[2]不行；君子之志于道也，不成章[3]不达。”

注释

1 容光：能容下光的缝隙。

2 科：坑坎。

3 成章：古称乐曲的终结为一章。这里指自成格局。

译文

孟子说：“孔子登上东山，感觉鲁国变小了；登上泰山，感觉天下变小了。因此，看过大海的人就感觉其他的水流很难说是大水了，游学到圣人门下的人就感觉其他人的言论很难说是有道理的了。观赏水有方法，必是要观赏它的波澜。日月有光辉，只要能容纳光辉的地方都会照到。流水这种物质，不充满小沟壑就不会向前流；君子以道义为志向，不到一定程度就不能通达。”

执中无权犹执一

孟子曰："杨子[1]取[2]为我，拔一毛而利天下，不为也。墨子兼爱，摩顶放踵利天下，为之。子莫[3]执中，执中为近之。执中无权[4]，犹执一也。所恶执一者，为其贼[5]道也，举一而废百也。"

注释

1. 杨子：即杨朱。
2. 取：主张。
3. 子莫：鲁国的贤人。
4. 权：权变，变通。
5. 贼：损害。

译文

孟子说："杨朱主张为我，即便只拔自己的一根毫毛来使天下人得利，他也不会做。墨子主张兼爱，即使令天下人得利会使他从头顶到脚跟都磨破，他也要去做。子莫坚持中道，坚持中道是接近仁义之道的。可坚持中道而不知变通，就如固执一端一样。君子之所以厌恶偏执一端，是因为它损害仁义之道，吸取了一点儿却废弃了许多。"

有为者辟若掘井

孟子曰："有为者辟若[1]掘井，掘井九轫[2]而不及泉，犹为弃井也。"

注释

❶ 辟若：即譬如。

❷ 轫：同"仞"，长度单位，七尺曰仞。

译文

孟子说："做事就如同挖井一样，挖了很深却没挖到泉水，仍然是一口废井。"

居仁由义

王子垫[1]问曰："士何事？"

孟子曰："尚志。"

曰："何谓尚志？"

曰："仁义而已矣。杀一无罪，非仁也；非其有而取之，非义也。居恶在？仁是也；路恶在？义是也。居仁由义，大人之事备矣。"

注释

❶ 王子垫：齐王的儿子，名垫。

译文

齐王的儿子垫问道："士人做什么事？"

孟子答："崇尚志节。"

垫又问："怎么做才算崇尚志节呢？"

孟子答："崇尚仁义罢了。杀死一个没有罪的人，就是不仁；不是自己的东西却拿走，就是不义。住处在哪里？仁便是住处；道路在哪里？义便是道路。以仁为住处，以义为道路，身居高位的人要做的事就完备了。"

君子不可虚拘

孟子曰：“食而弗爱，豕交之也；爱而不敬，兽畜之也。恭敬者，币之未将[1]者也。恭敬而无实，君子不可虚拘[2]。”

注释

1 将：送。

2 虚拘：以虚假的礼仪笼络。拘，止，留。

译文

孟子说：“给他吃的食物却不爱他，是以对待猪的方式与他交往；爱他却不尊敬他，是以豢养牲畜的方式对待他。恭敬的心，是在礼物未送之前就要具备的。恭敬却没有实在的表现，君子不可以被这种虚情假意所笼络。”

君子之所以教者五

孟子曰：“君子之所以教者五：有如时雨化之者，有成德者，有达财[1]者，有答问者，有私淑艾[2]者。此五者，君子之所以教也。”

注释

1 财：通“才”，才能，才智。

2 私淑艾（yì）：取人之善以自治其身。艾，通“乂”，治理。

译文

孟子说：“君子进行教育的方式有五种：有像及时雨那样教化的，有成就道德的，有培养才能的，有解答疑问的，有让人听到善行美德私下进行学习的。这五种就是君子用来教育的方式了。”

道则高矣，美矣

公孙丑曰："道则高矣，美矣，宜若登天然，似不可及也。何不使彼为可几及而日孳孳也？"

孟子曰："大匠不为拙工改废绳墨，羿不为拙射变其彀率[1]。君子引而不发，跃如也。中道而立，能者从之。"

注释

[1] 彀率（gòu lǜ）：拉开弓的标准。

译文

公孙丑说："圣人的道是很高、很美，可追求它就如登天一样，似乎遥不可及。为什么不使它变为可能达到，以使人们每天孜孜不倦地追求呢？"

孟子说："高明的工匠不会因为拙劣的工匠而改变废弃绳墨，后羿不会因为拙劣的射手而改变弓应拉开的程度。君子拉开弓却不发箭，显出跃跃欲试的样子。站在道路的中间，有能力的人就会跟从他。"

以身殉道

孟子曰：“天下有道，以道殉[1]身；天下无道，以身殉道。未闻以道殉乎人者也。”

注释

[1] 殉：谋求，追求。后面“以身殉道”的“殉”意为为某种目的而死。

译文

孟子说：“天下太平，以道追求自身；天下黑暗，就为道献身。没听说牺牲了道来迁就于人的。”

皆所不答

公都子曰：“滕更[1]之在门也，若在所礼而不答，何也？”

孟子曰：“挟贵而问，挟贤而问，挟长而问，挟

有勋劳而问，挟故[2]而问，皆所不答也。滕更有二焉。”

注释

❶ 滕更：滕君的弟弟，是孟子的学生。

❷ 故：朋友之好。

译文

公都子说：“滕更来到门下，您正在家，本来应该以礼相待，您却不回答他的问题，是为什么呢？”

孟子说：“倚仗着显贵的身份发问，倚仗着自己的贤能发问，倚仗着自己年长发问，倚仗着自己有功发问，倚仗着交情发问，都是我不回答的。滕更占了其中的两条。”

其进锐者，其退速

孟子曰：“于不可已而已者，无所不已。于所厚者薄，无所不薄也。其进锐者，其退速。”

译文

孟子说：“对不能停止的事却停止了，那他就没什么事不能停止了。对应该厚待的人却轻薄对待，那他就没什么人不会去轻薄对待了。那些前进时迅猛的人，他后退时也迅速。”

尽心

孟子

通过『仁政』，实现儒家『王道』的理想，这是孟子政治思想的核心。仁政的基本特点集中体现在本篇的『民为贵，社稷次之，君为轻』这句话中。这句话也直接简洁地表达了有理想的读书人对人民、信仰、国家的不同态度。本篇凡三十八章，本书选录十四章。

孟子的教育理念是『亡者不追，来者不拒』，他以『言近指远』的言辞和『守约施博』的道理传授他的门人有关仁政爱民的王道理想。在对真理的追求中，他反对那种『以其昏昏，使人昭昭』的一知半解。他认为好的老师只是传授最基本的原则，而不能面面俱到，代替学生自己的探索。对于读书，他并不主张那种书斋式的学习，而是贵在自己的独立思考，他说：『尽信书，则不如无书。』

不仁哉，梁惠王也

孟子曰：“不仁哉，梁惠王也！仁者以其所爱及其所不爱，不仁者以其所不爱及其所爱。”

公孙丑问曰：“何谓也？”

“梁惠王以土地之故，糜烂[1]其民而战之，大败；将复之[2]，恐不能胜，故驱其所爱子弟以殉[3]之。是之谓以其所不爱及其所爱也。”

注释

1. 糜烂：摧残，驱使。
2. 复之：再次发动战争。
3. 殉：这里是指跟着牺牲。

译文

孟子说：“梁惠王真是不仁啊！仁德的人对喜爱的人施加仁爱，继而推及不喜爱的人；不仁德的人对不喜欢的人施加灾难，继而推及喜爱的人。

公孙丑问道：“这话怎么说呢？”

（孟子答道：）“梁惠王因为想开拓国土，就让人们去流血牺牲，为他作战，结果大败；还要再战，恐怕不能取胜，便驱遣他爱的子弟去送死，这就是我所说的对不喜爱的人施加灾难，继而推及喜爱的人啊。”

尽信《书》，则不如无《书》

孟子曰：“尽信《书》，则不如无《书》。吾于《武成》[1]，取二三策[2]而已矣。仁人无敌于天下，以至仁伐至不仁，而何其血之流杵也？”

注释

1 《武成》：《尚书》中的篇名。

2 策：竹简。

译文

孟子说：“完全相信《尚书》上的话，还不如没有《尚书》。我对于《武成》里的话，也不过择取其中两三页罢了。仁人天下无敌，凭借他极致的仁爱讨伐那极不仁爱的，怎么会至于流的血使舂杵都浮起来了呢？”

不能使人巧

孟子曰：“梓、匠、轮、舆[1]能与人规矩，不能使人巧。”

注释

[1] 梓、匠、轮、舆：梓，木工的一种，专造乐器的悬架、饮器等。匠，古代专造房屋的工匠。轮，古代专造车轮的工匠。舆，古代专造车厢的工匠。

译文

孟子说：“工匠、建筑工、造车轮的匠人和造车厢的匠人，只能教给人方法和规矩，却无法使人心灵手巧。”

好名之人

孟子曰：“好名之人能让千乘之国。苟非其人，箪食、豆羹见于色。”

译文

孟子说：“喜欢名声的人能辞让拥有千辆兵车的大国；如果不是这种人，就是一筐饭、一碗羹都会使他变了脸色。”

不仁而得国者

孟子曰：“不仁而得国者，有之矣；不仁而得天下，未之有也。”

译文

孟子说：“不仁爱的人却得到了国家的事是有的；不仁爱的人却得到了天下，这样的事是从来没有过的。”

民为贵，社稷次之，君为轻

孟子曰："民为贵，社稷次之，君为轻。是故得乎丘民[1]而为天子，得乎天子为诸侯，得乎诸侯为大夫。诸侯危社稷，则变置。牺牲既成，粢盛[2]既絜[3]，祭祀以时，然而旱干水溢，则变置社稷。"

注释

1. 丘民：泛指百姓。
2. 粢盛：盛放在祭器里以供祭祀的谷米。
3. 絜：同"洁"，清洁。

译文

孟子说："百姓最为重要，国家在其次，君主为轻。因此，得到民心就能成为天子，得到天子应允就能成为诸侯，得到诸侯应允就能成为大夫。如果诸侯危及国家，就改立他们。如果祭祀用的牛、羊、猪已经长成，谷物也已洗干净，祭祀是按时进行的，然而还是发生水旱灾害，那就改立土神、谷神。"

亲炙之者

孟子曰："圣人，百世之师也，伯夷、柳下惠是也。故闻伯夷之风者，顽夫廉，懦夫有立志；闻柳下惠之风者，薄夫敦，鄙夫宽。奋乎百世之上，百世之下，闻者莫不兴起也。非圣人而能若是乎？而况于亲炙[1]之者乎？"

注释

[1] 亲炙：直接受到熏陶。

译文

孟子说："圣人是百代中人的老师，伯夷、柳下惠便是这样的人。因此，听闻伯夷风范的人，贪婪的人会变得廉洁，懦弱的人会自立志向；听闻了柳下惠风范的人，刻薄的人会变得温柔敦厚，狭隘的人会变得宽容。他们在百代之前发奋，百代之后，听闻了他们风范的人没有不奋发向上的。如果不是圣人能像这样吗？更何况对那些直接受到他们熏陶的人呢？"

以其昏昏，使人昭昭

孟子曰："贤者以其昭昭，使人昭昭；今以其昏昏，使人昭昭。"

译文

孟子说："贤人先自己明白道理来使别人明白；现在的人自己还糊里糊涂的，却想要让人明白道理。"

茅塞子之心矣

孟子谓高子[1]曰："山径之蹊间[2]，介然[3]用之而成路。为间[4]不用，则茅塞之矣。今茅塞子之心矣。"

注释

[1] 高子：齐国人，曾向孟子求学。

❷ 山径之蹊间：山径，山间小道。蹊，小路。间，狭窄。
❸ 介然：专一，坚正不移。
❹ 为间：时间不长。

译文

孟子对高子说："山上狭窄的小路，一直有人走便能成为一条路。隔几天不走，茅草就会堵塞它了。现在茅草已经堵塞了你的心了。"

往者不追，来者不拒

孟子之滕，馆于上宫。有业屦[1]于牖[2]上，馆人求之勿得。

或问之曰："若是乎从者之廋[3]也？"

曰："子以是为窃屦来与？"

曰："殆非也。夫子之设科也，往者不追，来者不拒。苟以是心至，斯受之而已矣。"

注释

❶ 业屦：没织好的草鞋。

❷ 牖（yǒu）：窗。

❸ 廋（sōu）：隐匿。

译文

孟子到滕国，住在上宫的别馆。有双没织好的草鞋放在窗台上，馆舍里的人怎么也找不到了。

有人就问孟子："看来，是跟从您来的人把它藏起来了吧？"

孟子说："您认为他们是为了偷草鞋才跟我来这儿的吗？"

那人说："大概不是吧。您开设课程，对走的人不追回，对来的人不拒绝。只要是怀着求学的志向来的，您就全部收下吧。"

人皆有所不忍

孟子曰："人皆有所不忍，达之于其所忍，仁也；人皆有所不为，达之于其所为，义也。人能充无欲害人之心，而仁不可胜用也；人能充无穿逾之心，而义

不可胜用也；人能充无受尔汝[1]之实，无所往而不为义也。士未可以言而言，是以言餂[2]之也；可以言而不言，是以不言餂之也。是皆穿逾之类也。”

注释

1 尔汝：平辈间以尔汝称，有轻贱之意。

2 餂（tiǎn）：诱取。

译文

孟子说：“人都有不忍心做的事，把这种不忍之心推及忍心做的事上时，就是仁；人都有不愿做的事，把这种心理推及愿意做的事上时，就是义。如果人能充满着不想害人的心，那他的仁爱就用不完了；如果人充满着不偷窃的心，那么他的义就用不完了；如果人能充满着不肯受轻贱的言行，那么他无论走到哪里都会做符合义的事。对士人不可同他谈论的却同他谈论，这是在用言语来诱取他；可同他谈论的却不同他谈论，这是在用无言来诱取他。这些都是偷盗的行径啊。”

芸人之田

孟子曰："言近而指远者，善言也；守约而施博者，善道也。君子之言也，不下带[1]而道存焉；君子之守，修其身而天下平。人病舍其田而芸人之田，所求于人者重，而所以自任者轻。"

注释

1 不下带：眼睛的视线不超过腰带的位置。这里是说话朴实、不离实在。

译文

孟子说："语言浅近却意旨深远，就是善言；坚守起来简约，奉行的效果广博的，就是善道。君子的言辞，都是眼前的事，道理却蕴含其中；君子的操守，修养自身却能使天下太平。人的毛病就在于舍弃自己的田地不种却去耕种别人的田地，要求别人承担的责任重，自己承担的责任却很轻。"

说大人则藐之

孟子曰："说大人则藐之，勿视其魏魏然。堂高数仞，榱题[1]数尺，我得志，弗为也；食前方丈，侍妾数百人，我得志，弗为也；般乐[2]饮酒，驱骋田猎，后车千乘，我得志，弗为也。在彼者，皆我所不为也；在我者，皆古之制也。我何畏彼哉？"

注释

1. 榱（cuī）题：屋檐滴水处，这里指屋檐。
2. 般乐：大肆作乐。

译文

孟子说："游说地位高的人就要藐视他，不要把他看得高高在上的。厅堂几十丈高，屋檐数尺宽，我若得志，是不会这么做的；摆在面前的食案有一丈见方，侍妾有数百人之多，我若得志，是不会这么做的；饮酒狂欢，驰骋打猎，跟从着上千辆车，我若得志，是不会这么做的。他所做的都是我所不会做的，我所做的都是符合古代礼制的，我为什么要怕他呢？"

孔子在陈

万章问曰："孔子在陈，曰：'盍归乎来？吾党[1]之士，狂简[2]进取，不忘其初。'孔子在陈，何思鲁之狂士？"

孟子曰："孔子'不得中道而与之，必也狂狷乎！狂者进取，狷者有所不为也'。孔子岂不欲中道哉？不可必得，故思其次也。"

"敢问何如斯可谓狂矣？"

曰："如琴张、曾皙、牧皮[3]者，孔子之所谓狂矣。"

"何以谓之狂也？"

曰："其志嘐嘐[4]然，曰：'古之人！古之人！'夷考[5]其行，而不掩焉者也。狂者又不可得，欲得不屑不洁之士而与之，是狷也，是又其次也。孔子曰：'过我门而不入我室，我不憾焉者，其惟乡原[6]乎！乡原，德之贼也。'"

曰："何如斯可谓之乡原矣？"

曰："'何以是嘐嘐也？言不顾行，行不顾言，则曰，古之人，古之人。行何为踽踽凉凉[7]？生斯世也，为斯世也，善斯可矣。'阉然媚于世也者，是乡原也。"

万章曰："一乡皆称原人焉，无所往而不为原人，孔子以为德之贼，何哉？"

曰："非之无举也，刺之无刺也，同乎流俗，合乎污世，居之似忠信，行之似廉洁，众皆悦之，自以为是，而不可与入尧、舜之道，故曰'德之贼'也。孔子曰：'恶似而非者：恶莠，恐其乱苗也；恶佞[8]，恐其乱义也；恶利口，恐其乱信也；恶郑声，恐其乱乐也；恶紫，恐其乱朱也；恶乡原，恐其乱德也。'君子反经[9]而已矣。经正，则庶民兴；庶民兴，斯无邪慝[10]矣。"

注释

[1] 党：乡里。

[2] 狂简：志向远大而处事疏阔。

❸ 琴张、曾皙、牧皮：琴张，子张。曾皙，曾点。这三人都是孔子的弟子。

❹ 嘐嘐（xiāo）：志大言夸。

❺ 夷考：考察。

❻ 乡原：即乡愿，欺世盗名的好好先生。

❼ 踽踽（jǔ）凉凉：落落寡合的样子。

❽ 佞：巧言谄媚。

❾ 反经：回归正道。经，正道，常道。

❿ 慝（tè）：邪恶。

译文

万章问道："孔子在陈国时说：'何不归去呢？我乡里的子弟狂放随意，积极进取，不忘本心。'孔子在陈国，为什么会想念鲁国的狂放之人呢？"

孟子说："孔子曾说：'得不到符合中道的人交往，一定要交往的便是狂放之人与狷介之士了吧！狂放之人积极进取，狷介之士有所不为。'孔子难道不想与符合中道的人交往吗？不一定必然得到，因此便想次一等的了。"

（万章问：）"请问什么样的人可以算是狂放之人呢？"

（孟子答道：）"像琴张、曾皙、牧皮这类人，就是孔子所说的狂放之人了。"

（万章问：）"为什么称他们为狂放之人呢？"

（孟子答道：）“他们一副志大言夸的样子，嘴里说着：‘古代的人啊！古代的人啊！’可查考他们的行为，却不能掩盖其缺点。若狂放之人也找不到，就想得到不屑做不干净的事的人来与他们交往，这就是狷介之士了，这又是次一等的了。孔子说：‘经过我的家门却不走进我家，我不觉得遗憾的，大概只有好好先生了！好好先生就是祸害道德的贼。’”

（万章问：）“什么样的人可以称为好好先生呢？”

（孟子答道：）“（好好先生会这样）说：‘怎么这么志大言夸

呢？说的话不能对照自己的行为，做的事不能对照自己的言语，就只会说古代的人啊，古代的人啊。活着为什么要落落寡合呢？生在这个时代，就做这个时代的人，这样做好就可以了。’一副讨好的样子，谄媚世人的，就是好好先生。”

万章问：“一乡的人都称誉他是老好人，他无论走到哪里都是个老好人，孔子却认为他是祸害道德的贼，为什么呢？”

（孟子答道：）“非议他又举不出他的错误，讥刺他又没什么可讥刺的，他与流俗混同，与污世配合，为人看似忠信，行为看似廉洁，大家都喜欢他，他也自以为是，可他并不归向尧、舜之道，因此说他是‘祸害道德的贼’。孔子说：‘我厌恶似是而非的东西：厌恶狗尾巴草，是恐怕它混淆了禾苗；厌恶佞人，是恐怕它惑乱了道义；厌恶夸夸其谈的嘴，是恐怕它扰乱了真实；厌恶郑国的音乐，是恐怕它搅乱了雅乐；厌恶紫色，是恐怕它混乱了红色正统的地位；厌恶好好先生，是恐怕他扰乱了道德。’君子恢复常道罢了。常道端正了，百姓就会兴旺；百姓兴旺了，就没有奸邪之人了。”